'글로벌 상품소싱'은 기업, 유통, 브랜드, 탑셀러의 매출과 마진을 높인다!

높은 마진으로 판매하는 탑셀러들의 비밀

글로벌 상품소싱
쉽게 따라하기

높은 마진으로 판매하는 탑셀러들의 비밀

글로벌 상품소싱 쉽게 따라하기

초 판 1쇄 인쇄 | 2021년 06월 01일
초 판 1쇄 발행 | 2021년 06월 07일

지은이 | 이중원
펴낸이 | 김병성
펴낸곳 | 앤써북

출판사 등록번호 | 제 382-2012-0007 호
주소 | 경기도 고양시 일산 서구 가좌동 565번지
전화 | 070-8877-4177
FAX | 031-919-9852
도서문의 | 앤써북 http://answerbook.co.kr

ISBN | 979-11-85553-78-8 13000

Preface
머리말

안녕하세요, 셀러노트 대표 이중원입니다. 2년 전 출판했던 "혼자서도 할 수 있는 알리바바 도소매 해외직구"책은 해외에서 상품을 소싱하고자 하는 많은 분들께 꾸준히 사랑받고 있습니다. 스마트스토어나 쿠팡 등 이커머스에서 상품을 판매하는 셀러들이 늘어남에 따라 경쟁이 심화될 것이고, 그 경쟁력을 확보하기 위해 해외에서 공장가로 '상품 소싱'하는 것에 많은 관심을 기울일 것이라는 제 전망이 유효했다고 생각합니다. 이후 관련된 교육 커리큘럼이나 유튜브 컨텐츠들이 지속적으로 생기게 되었고, 많은 분들이 수입무역을 이전보다 더 쉽게 접하게 되었습니다. 그러나 아쉬운 점도 많았습니다. 집필했던 이전 도서와 많은 교육커리큘럼은 무역거래 방법만 소개되어 있을 뿐, 어떻게 하면 타 수입자보다 경쟁력 있게 상품을 소싱하는 방법에 대해서는 기술되어 있지 않았습니다.

수입무역을 접해보신 분들은 아시겠지만 수출자(판매자)에게 상품 원가를 인하해달라고 요청하는 것은 무척이나 어렵습니다. 설령 해당 원가를 줄인다고 하더라도 소량으로 구입하시는 분들의 경우에는 상품가격보다는 사실 물류비가 더 큰 부담으로 다가오는데, 이를 어떻게 효과적으로 절감할 수 있을지에 대해 깊이 고민한 도서나 강의 컨텐츠들이 없었습니다. 이에 금번 도서는 다양한 무역조건 거래방법은 물론 수입물류 프로세스 및 비용을 최적화하는 방법에 대해 집중적으로 다뤄 수입기업들의 전반적인 무역/물류 지식과 경쟁력을 높이고자 합니다.

앞으로 이커머스는 전쟁이 될 것입니다. 본 도서를 읽은 독자와 그렇지 않은 독자 사이의 경쟁력이 발생할 수 있도록 최선을 다해 기술했습니다. 또한 도서로 끝나는 것이 아니라, 수입기업 분들을 지원하기 위해 기획한 '디지털 수입물류 포워딩 서비스 – 쉽다(SHIPDA)'를 통해 독자분들과 지속적인 커뮤니케이션을 이어 나가겠습니다.

본 도서를 출판하기 위해 자문을 구한 분들에게 감사함을 표합니다. 또한 셀러노트와 쉽다 서비스를 지속 발전시켜주는 임직원 분들에게 감사함을 표합니다. 마지막으로 해당 사업을 꾸준히 이어 나갈 수 있게 지원을 아끼지 않는 AC, VC 투자자 분들께도 감사함을 표합니다.

본 도서를 통해 수입소싱을 통해 이커머스 사업을 펼칠 신규 사업자분들, 그리고 상품경쟁력을 갖추게 될 기존 사업자 분들, 파생하여 또 다른 사업을 만들어 낼 창업자분들에게 도움이 되었으면 합니다. 제가 제일 좋아하는 말이 있습니다. '기획하고, 상상하고, 실행한다.' 여기에 저는 또 하나 덧붙입니다. '수습한다.' 일은 벌려야 가능성을 확인할 수 있습니다. 수입무역이 처음이라 생소하신가요? 일단 저질러 보세요. 길이 열릴 것입니다.

이중원

A bit of help here

도와주세요

책을 보면서 궁금한 사항은 저자가 운영하는 셀러노트 홈페이지의 상단 [커뮤니티]-[질의응답] 메뉴를 누른 후 질의응답 코너를 통해 문의하고 답변 받을 수 있습니다.

- 셀러노트(https://seller-note.com)

Contents
목 차

Contents

목 차

Chapter
03

꼭 알아야 할 무역 용어와
초보자를 위한 샘플 수입 프로세스

Contents

Contents
목 차

Contents
목 차

Contents

Contents

01

B2B 수입업 창업, 제대로 준비하기

유통 창업의 핵심 'B2B 해외 수입소싱'. 알리바바, 1688과 같은 B2B 이커머스의 등장으로 변화하고 있는 유통의 트렌드를 설명합니다. 또한 글로벌 이커머스 서비스별 특징과 사업자 등록을 위한 간단한 사항을 안내합니다.

01
글로벌 B2B 이커머스 플랫폼의 등장과 시장 확대

수입무역, 누구나 쉽게 시작할 수 있습니다.

불과 몇 년 전만 하더라도 '무역'은 소수의 전문가 영역이라고 여겨졌습니다. 어학적 스킬도 갖추어야 했고 무역 관련 서류작성 및 금융 등 실무에 필요한 지식들을 익혀야 했기에 진입장벽이 있는 산업으로 여겨졌습니다. 이로 인하여 이커머스 셀러들이 해외에서 상품을 소싱하길 희망하는 경우 '구매대행 혹은 무역대행'을 이용하여 위탁 의뢰하는 것이 일반적이었습니다. 그러나 알리바바닷컴(Alibaba.com), 1688 등 B2B 이커머스의 등장으로 인하여 언어적 스킬이 부족하더라도, 전문적인 무역적 지식이 많지 않더라도 이제는 누구나 쉽게 상품을 구매 및 결제하는 시대가 열리게 되었습니다. 이러한 글로벌 IT 서비스의 발달과 점점 더 치열해지는 이커머스 시장에서 국내 제조 및 도매 시장에서 상품을 소싱하는 것에 대한 가격 한계점을 느낀 스마트한 셀러들이 증가하게 되었고, 수입무역에 대한 니즈와 더불어 해외상품 B2B 구매가 셀러들의 필수 역량이 되었습니다.

[과거의 수입무역 과정]

[현재의 수입무역 과정]

▲ 그림 1-1-1 과거와 현재의 수입무역 과정

선택이 아닌 필수가 되어버린 '수입 소싱' 관련된 교육 커리큘럼들이 생기기 시작하였고, 유튜브 영상들을 통해 많은 콘텐츠들이 만들어짐에 따라 조금만 노력하신다면 쉽게 익힐 수 있는 환경이 되었습니다. 필자도 운영 중인 교육 사이트인 '셀러노트(SELLERNOTE)'에서 온라인 교육을 진행 중에 있고, 네이버와 교육 커리큘럼 운영 협업을 통해 '네이버 파트너스퀘어'에서 재능기부 식으로 무료 교육을 진행 중에 있습니다. 본 교재와 더불어 위 커리큘럼을 병행하신다면 누구나 좋은 상품을 소싱하여 판매할 수 있는 글로벌 바이어(Global buyer)가 될 수 있을 것이라 확신합니다.

▲ 그림 1-1-2 셀러노트 라이브 화상교육 (http://www.seller-note.com/global-buying)

▲ 그림 1-1-3 네이버 파트너스퀘어 온라인 교육

위에서 언급한 것처럼 B2B 이커머스들의 등장과 관련 양질의 교육 커리큘럼들의 관련 교육으로 인하여 무역은 이제 특정 누군가를 위한 전유물이 아니게 되었습니다. 이제는 무역방법 학습을 넘어

'어떻게 하면 경쟁사 대비 더 저렴하게 상품을 수입할 수 있을까'에 대한 고민을 해야 합니다. 이런 고민을 해결할 수 있는 요소는 바로 '수입물류'입니다. 저렴하게 운송할 수 있는 방안을 찾아야만 수입하시는 상품의 경쟁력이 발생하게 됩니다. 그러나 아쉽게도 해당 영역을 디테일하게 설명해줄 수 있는 제대로 된 커리큘럼과 콘텐츠가 없음에 아쉬웠습니다. 이에 필자는 이전 도서인 "혼자서도 할 수 있는 알리바바 도소매 해외직구(앤써북)"에서 다루지 않았던 물류 영역을 더 세밀하게 안내 드리고자 합니다.

알아두기 ▶ 물류 vs 무역

물류와 무역(유통)은 서로 다른 개념입니다. 무역은 기본적으로 상품을 사고파는 유통의 성격을 지니고 있습니다. 그러나 물류는 해당 상품이 사고 팔리는데 있어 '운송 서비스'를 제공하는 것으로 유통이 아닌 서비스업의 성격에 더 가깝습니다.

알아두기 ▶ 포워딩이란?

수입무역을 진행하기 위해서는 상품을 사고 파는 수출입업자 이외에도 많은 이해관계자들이 필요합니다. 구매한 뒤 상품을 운송하기 위해 해상 및 항공 운송을 위한 '해운, 항공회사', 통관을 진행하기 위한 '관세사', 국내 내륙운송을 위한 '내륙운송사' 등이 필요합니다. 그러나 상품에만 집중하기도 바쁘기에 이 모든 업체들을 일일이 컨택하며 수입을 진행하기 어렵습니다. 이에 이러한 수입물류에 필요한 인프라들을 중개하여 상품수입운송을 책임지는 업체와 협업하게 되는데 이를 '포워더'라고 하며 '국제물류주선업자' 자격이 있어야 사업영위가 가능합니다. 이러한 포워더가 국제물류를 중개하는 행위를 '포워딩'이라고 합니다. 뒤에서 다양한 무역조건에 대해 다룰텐데 샘플을 구매하는 경우를 제외하고는 포워더와 함께 협업을 진행하게 될 것입니다. 뒤에서 소개드릴 '쉽다(SHIP-DA)'라는 업체 또한 또한 온라인으로 국제물류운송을 중개하는 '포워더' 중 하나입니다.

B2B 상품을 운송하는 '국제물류' 영역은 여전히 디지털화가 더디고 정보의 불균형이 극심한 영역입니다. 국내에만 3,700개의 포워더라고 불리는 국제물류 회사가 있습니다. 해당 회사 중 합리적인 견적을 제공하고 수입에 있어 전문성을 갖고 있는지 선별하는 혜안이 필요합니다. 그러나 유통에 집중하기도 바쁜 수입기업들에게 업체를 비교분석까지 해야 하는 행위들은 피로감을 증폭시키기만 합니다. 이에 투명한 견적을 제공하고, 복잡한 수입물류를 누구나 쉽게 이용할 수 있게끔 만드는 디지털 수입물류 포워딩 서비스 '쉽다(SHIPDA)'를 설립하였습니다. 해당 서비스는 서비스 출시 1년도 안되어 약 2,500개의 수입기업들이 가입하여 이용 중이고, 최근에는 싱가폴 바이어를 위한 서비스로 확장하는 등 글로벌 진출을 시작했습니다. 약 10년간 무역&물류 현업에서 익혔던 노하우와 많은 수입기업들에게 사랑받고 있는 디지털 물류 서비스를 바탕으로 독자들의 상품경쟁력을 끌어올려 드리겠습니다. 지금부터 본격적인 내용을 시작합니다.

▲ 그림 1-1-4 디지털 수입물류 포워딩 서비스 – 쉽다(SHIPDA): www.ship-da.com

본 도서에서는 글로벌 B2B 이커머스의 기준이 되어준 '알리바바닷컴(Alibaba.com)'을 바탕으로 샘플 구매부터 대량 구매하는 방법까지 안내드릴 예정입니다. 철저히 무역기반으로 안내 드리기에 비단 '알리바바닷컴'에서만 사용할 수 있는 한정된 지식이 아닙니다. 모든 내용을 잘 이해하실 수 있다면 전세계 온오프라인 공급자(Supplier)와 거래할 수 있는 역량을 갖추게 되실 것입니다.

02
투잡으로 가능한 B2B 수입업 창업

(1) 알리바바 수입무역 투잡 계기 및 성과

사실 제가 알리바바 수입무역을 시작하게 된 계기는 당시 재직했던 기업에서의 직무 전문성을 높이기 위함이었습니다. 국제물류(3PL) 직무를 수행한 필자는, 제조사 해외영업, 무역 상사 등 TRADING 직무를 수행하는 이들이 주된 고객이었습니다. 무역 프로세스를 정확히 익혀야만 제 주된 업무인 국제물류운송을 원활하게 해줄 수 있겠다는 판단이 들었고, 이를 경험해볼 수 있는 여러 매체를 찾다가 '알리바바(Alibaba)'를 우연히 접하게 되었습니다.

단순히 클릭 몇 번만으로 상품을 구매할 수 있는 전자상거래가 아닌, 무역&물류 지식이 정확히 있어야만 구매가 가능한 '알리바바'는 제가 보유한 무역 및 물류 실무를 수행해 볼 수 있는 최적의 터전이었습니다. 실제 상품 검색부터 최종도착지까지 '상품구매, 운송, 통관'을 직접 처리하면서 눈으로 보고 귀로만 듣던 '해외 공급자(Supplier)와의 상품단가 네고, 무역조건 협의, 관부가세 처리, 포워딩 업체선정' 등을 몸으로 익히게 되었습니다.

시작할 당시만 하더라도 해외에서 상품을 소싱하여 판매하시는 많은 셀러들은 주로 '구매대행'을 통해 수입하고 계셨습니다. 상품 구매액의 5~10%를 대행업체에 수수료로 지불하고, 물류비도 효율적으로 관리하지 못하기에 상품원가 경쟁력이 부족했습니다. 실제 네이버 스마트스토어에서 소형USB 가습기를 판매하면서 상당 기간 검색 노출 1위를 달성했었는데, 직접 소싱해서 판매하다보니 최저가로 판매하면서도 소싱한 금액 대비 3~4배의 수익률을 냈고, 수익금이 운영 2개월 만에 월급을 훌쩍 넘기며 수입업 창업 시장에 대한 확신이 생기게 되었습니다.

초기 세팅을 제외하고 하루 1~2시간 투자해서 이룬 성과였기에 더욱 값진 결과였던 것 같습니다. 이전 대비 52시간 근무 등으로 인하여 투잡에 대한 환경은 더 좋아졌다고 생각합니다. 저는 구매 프로세스 & 마케팅은 자신 있지만, 상품을 바라보는 안목은 많이 부족한 사람입니다. 만약 좋은 상품, 잘 팔릴 수 있는 상품에 대한 안목이 있는 분이라면 필자보다도 더 좋은, 더 빠른 성과를 달성할 수 있지 않을까 생각합니다.

(2) 알리바바닷컴의 핵심은 무엇이고, 왜 해당 서비스로 첫 시작을 해야 할까요?

알리바바닷컴은 상품 공급처가 다양하다는 장점도 있지만, 그 어떤 무엇보다도 '결제'에 대한 리스크를 줄여준 서비스입니다. 어느 정도 신뢰도가 쌓인 공급처와의 거래도 사실 불안합니다. 그런데 첫 거래를 진행해야 하는 공급처와의 거래는 오죽할까요? 이런 위험성을 제거하기 위해 은행에서 L/C라고 하는 신용장을 개설해야 했습니다. 그러나 이는 무역을 처음 접하는 이커머스 셀러에게는 진입의 장벽을 높이는 요소였습니다. 이런 불편함을 알리바바는 해결했습니다. 뒤에서 소개할 주문 보증 결제(Trade assurance payment)로 신용장을 대체하였습니다. 심지어 카드 결제가 가능하게끔 만들었습니다.

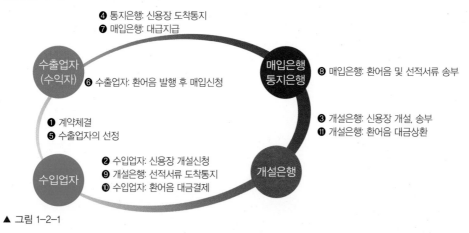

▲ 그림 1-2-1

제게 알리바바닷컴은 어떤 서비스인지 물어보면 '신용장을 대체한 무역서비스'라고 정의하곤 합니다. 이에 무역업이 낯선 이들에게 수입을 처음 접하기 위한 최적의 서비스라고 생각하여 본 도서에서는 이를 기준으로 안내 드리고자 합니다. 이후 경험이 쌓이고, 수수료를 조금이라도 줄이고 싶으시다면 알리바바를 벗어나 직접 계약도 추진해 보시길 바랍니다.

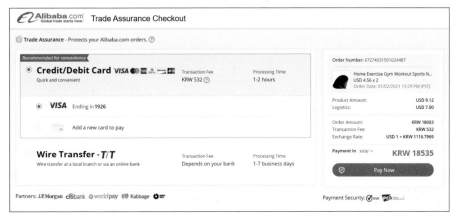

▲ 그림 1-2-2

(3) 어떤 분들이 알리바바 수입 소싱을 원할까요?

현재까지의 오프라인 수강생의 분포를 통계한 결과, 쇼핑몰 사업을 해보고 싶은 직장인이 30%로 가장 큰 비중을 차지했습니다. 현재 다니고 있는 직장에서의 월급에 만족하지 못하신 분들 혹은 또 이직, 창업, 은퇴 후 설계 등 미래를 준비하고 싶으신 분들이 수강생의 많은 비중을 차지했습니다.

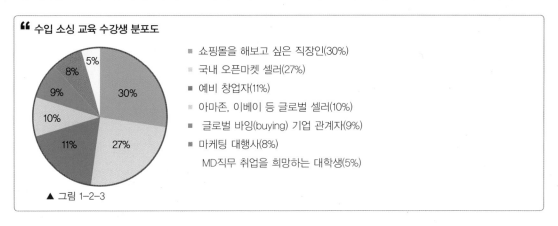

❝ 수입 소싱 교육 수강생 분포도

- 쇼핑몰을 해보고 싶은 직장인(30%)
- 국내 오픈마켓 셀러(27%)
- 예비 창업자(11%)
- 아마존, 이베이 등 글로벌 셀러(10%)
- 글로벌 바잉(buying) 기업 관계자(9%)
- 마케팅 대행사(8%)
   MD직무 취업을 희망하는 대학생(5%)

▲ 그림 1-2-3

(4) 이 도서를 읽으면 도움이 되실 독자층

이미 해외에서 상품을 수입 소싱하여 판매하고 계신 분들은 본 도서의 '물류' 영역을 주목하셔야 합니다. 무역과 물류는 비슷한 면을 갖고 있으면서도 다른 영역입니다. 소싱 경쟁력을 최적화하기 위해서는 물류 측면을 유심히 바라보시고, 매입원가를 절감할 수 있는 여러 전략들을 세우셔야 합니다.

처음 수입 소싱을 하고자 하시는 분들은 본 도서의 '무역' 영역을 우선 익히셔야 합니다. 가장 손쉽게 무역거래 할 수 있는 CHAPTER 3, 4 방법을 먼저 안내합니다. 이후 한두 차례 상품을 받아보고 나신 이후에는 조금은 복잡하지만 물류비를 최적화 가능한 '타 무역거래 방법(CHAPTER 7~11)'을 습득하여 상품경쟁력을 극대화하시길 바랍니다.

(5) 해외 타 수입가능 사이트와 '알리바바닷컴'의 차이점

구분	사업구분	타켓 고객층	직접 결제가능
알리바바닷컴	B2B	글로벌 바이어	○
1688.com	B2B	중국 바이어	△
타오바오	B2C	중국 최종소비자	○
알리익스프레스	B2C	글로벌 최종소비자	○

본 도서를 통해 수입무역을 익히고자 하는 독자의 경우 B2B 바이어를 위한 서비스인 '알리바바닷컴'과 '1688'을 주목해야 합니다. '타오바오' 및 '알리익스프레스'의 경우 최종소비자를 타겟으로 하는 B2C 서비스이기 때문에 결국 소매가격이라 경쟁력이 부족합니다. 이에 수입 후 판매에 있어서는 뚜렷한 한계점이 있습니다. 본 도서를 읽으시는 독자층과는 핏이 맞지 않는 서비스입니다.

▲ 그림 1-2-4 1688.com - https://www.1688.com/

▲ 그림 1-2-5 타오바오 - https://world.taobao.com/

▲ 그림 1-2-6 알리익스프레스 – https://www.aliexpress.com/

본 도서는 주로 '알리바바닷컴'을 기준으로 안내합니다. 태생 자체가 글로벌 바이어를 위한 서비스라 '무역'의 본질에 집중한 서비스이기 때문입니다. 또한 알리바바가 중국에서 시작된 사이트이긴 하지만 전세계 판매자들이 참여할 수 있어 중국 제품만을 소싱하는 1688과 다르게 더 다양한 상품을 접할 수 있습니다. 1688의 경우 필자의 첫 번째 도서인 [혼자서도 할 수 있는 알리바바 도·소매 해외직구(앤써북)]에서는 추천 드리지 않았습니다. 그러나 시장환경이 변화함에 따라 간략하게 안내 드리고자 합니다.

1688.com은 중국 내수 사이트로 중국 상품을 벌크 단위로 수입할 경우 상품 단가가 저렴한 편입니다. 그러나 해당 서비스에서 상품을 구매하기 위해선 '중국 계좌'가 있어야 하고, 해당 계좌와 '알리페이(ALIPAY)'를 연동해야 합니다. 즉, 결제 영역에서 장벽이 존재합니다. 이에 이전만 하더라도 '구매대행' 사이트를 통해서만 구입이 가능했습니다. 그러나 구매대행 수수료에 부담을 느끼는 사업자들이 점점 많아짐에 따라 오직 상품의 결제만을 처리해주는 '결제대행' 서비스가 생기기 시작했습니다. 이에 해당 사업자들에게 1688.com 상품의 결제만 요청하고 '수입 전용창고'로 상품을 입고만 시키게끔 만들면 수입이 가능합니다.

알아두기 ▶ 구매대행 vs 결제대행

구매대행은 요청자의 의뢰내용에 따라 상품 구매부터 수입통관 및 운송까지 일괄적으로 대행하는 사업을 일컫습니다. 이에 수수료율이 높고, 납부해야 할 대행료가 높은 편입니다. 그러나 결제대행은 계좌가 없어 상품을 결제하지 못하는 사업자를 위한 서비스로 상품 구매에 대한 소정의 수수료만을 청구합니다. 이후 수입통관 및 운송은 본인이 직접 해결해야 합니다.

알아두기 ▶ 수입 전용창고란 무엇인가요?

일종의 배송대행지이지만 벌크 단위로 수입하는 사업자를 위한 해외 현지창고라고 이해하시면 됩니다. 배송대행지는 입고된 상품을 최종도착지까지 운송하는데 kg당 요율을 책정함에 반하여, 수입 전용창고는 1ton 이하까지는 동일한 금액으로 비용을 청구합니다.(1ton이 넘어가는 경우, ton에 비례하여 견적이 청구됩니다. 예를 들어 1.1ton이면 1.1ton에 맞는 금액이 청구됨) CHAPTER 10에서 다룰 것입니다. 극소량을 수입하시는 경우에는 배송대행지를 60kg 이상 수입하시는 경우 수입 전용창고를 활용하시는 것이 좋습니다.

구분	배송대행지 중국 배송대행지 → 인천항	쉽다(SHIPDA) 중국 쉽다 창고 → 인천항
30KG	4.7만원	
60KG	9만원	구분없이 **8.8만원**
400KG	56만원	
1,000KG	별도 확인 필요	

▲ 그림 1-2-7

또한 이전에는 수출역량이 없는 1688 판매자의 경우 '무역 라이선스 미보유' 및 '무역서류 작성불가'라는 치명적인 한계가 있어 B2B 수입을 진행하는데 문제가 발생했습니다. 그러나 이러한 문제를 해결하는 디지털 수입물류 포워딩 서비스 '쉽다(SHIPDA)' 등과 같은 서비스가 출시됨에 따라 가능해졌습니다. 이에 이전과 달리 2가지 서비스 모두를 추천 드립니다. 디만 독지분들이 이커머스 플랫폼을 벗어나 실제 오프라인 무역거래도 할 수 있게끔 만들어 드리는 것이 본 도서의 궁극적인 목적이기에 1688.com 보다는 무역을 익힐 수 있는 알리바바닷컴(Alibaba.com)에 집중하여 안내드릴 예정입니다.

알아두기 ▶ 무역 라이선스(Export license)란?

중국은 우리나라와 달리 상품을 수출하기 위해서 '무역업'을 취득해야 합니다. 즉, 사업자만 있다고 해서 상품을 수출할 수 있는 권한이 주어지지 않는다는 것입니다. 이러한 권한을 '무역 라이선스'라고 하는데 알리바바닷컴에 입점한 업체들은 글로벌 거래를 하기 위해 서비스를 가입했기에 기본적으로 이를 구비하고 있습니다. 다만 1688.com은 중국 내수 사이트이기 때문에 해당 자격을 보유하지 않은 판매자들이 대다수입니다. 따라서 이를 대행해줄 수 있는 업체와 협업하여 업무를 진행해야 합니다.
CHAPTER 10에서 소개할 '쉽다(SHIPDA)'의 '특화운송 - 창고입고 후 수입운송'에서는 1688 판매자로부터 상품을 구매하는 수입자를 위한 '무역 라이선스 대행, 수출 서류 작성대행, 수입운송 및 통관' 서비스를 제공하고 있으니 참조하시면 되겠습니다.

03
수입무역 창업 전 알아야 할 인허가 신고

Q 수입 진행 시, 꼭 사업자등록을 해야 하나요?

A 판매 목적으로 수입을 진행할 경우, 사업자등록이 필수입니다.

개인 용도로 해외 상품을 수입하여 사용할 것이라면 사업자가 없어도 됩니다. 그러나 상품을 개인직구로 상품을 구입하여 이를 되팔게 될 경우 이는 위법입니다. 판매를 위해서는 정식수입신고를 해야하고, 정식수입신고를 위해서는 사업자등록이 필요합니다. 최근 관세청에서 개인 해외직구의 연간 면세한도액을 제한한다는 기사가 나왔습니다. 개인직구로 관부가세를 면제받고 상품을 구매하여 되파는 사업자를 근절하기 위한 제도가 아닐까 조심스럽게 추측합니다.

Q 사업자등록 시, 업종 및 업태에 수입업을 기재해야 하나요?

A 우리나라는 수출입을 하기 위한 별도의 자격이 필요하지 않습니다. 과거엔 자격이 필요했으나 해당 제도가 폐지되었습니다. 어떤 업종으로 등록하셨든 수출입을 진행하실 수 있습니다.

02

알리바바닷컴
플랫폼 이해하기

글로벌 B2B 이커머스 서비스인 '알리바바닷컴'을 활용하는 방법을 설명합니다. 간단한 회원가입부터 상품 검색, 주문 보증, 상세페이지, 메시지센터까지 상품을 선정하고 판매자(수출자)와의 대화를 나누기 위한 과정을 상세히 설명합니다.

01

알리바바닷컴 회원가입

1 _ 회원가입

네이버 등 포털사이트에서 '알리바바'로 검색합니다. 이후 최상위에 게재된 웹 사이트를 클릭합니다. 알라바바닷컴의 URL은 Korean.alibaba.com입니다.

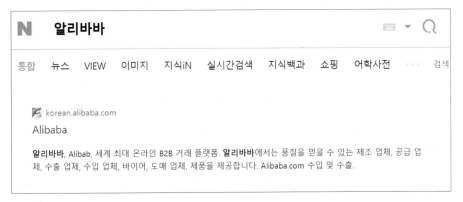

▲ 그림 2-1-1

액션 1 가입 시작하기

우상단에 위치한 [무료 가입]을 클릭합니다.

▲ 그림 2-1-2

액션 2 언어 변경하기

홈페이지 로고 옆에 있는 선택 창을 클릭하여 '중문'에서 '영문(English)'를 선택합니다. (중문이 더 편하신 분들은 중문으로 가입하셔도 됩니다.)

▲ 그림 2-1-3

액션 3 가입 필수사항 입력하기

❶ Country/Region: South Korea 선택

❷ Please select trade role: Buyer 선택

❸ Email: 알리바바 사이트에 로그인할 이메일을 입력(기존 본인이 소유하고 있는 이메일로 회원가입을 진행)

❹ Password/Confirm Password: 패스워드 입력 / 패스워드 재확인

❺ Company name: 회사 영문명 입력

❻ Full name: 이름 / 성으로 순차적 입력

❼ Tel: 핸드폰 번호 입력 (82는 한국 국제번호입니다.)

❽ Verification: 막대를 클릭하여 오른쪽으로 밀면 인증완료(Verified)

❾ Agree and register: 모든 내용을 입력 & 바로 위 체크박스까지 선택한 후 해당 버튼을 누르면 가입완료

▲ 그림 2-1-4

액션 4 이메일 인증하기

알리바바에서는 이메일 주소가 곧 로그인 가능한 아이디입니다. 소유하고 있는 이메일 계정으로 접속하여 승인번호를 확인하신 후 [Verification code]에 입력합니다. 입력 후 [Submit] 버튼을 클릭하면 가입이 완료됩니다.

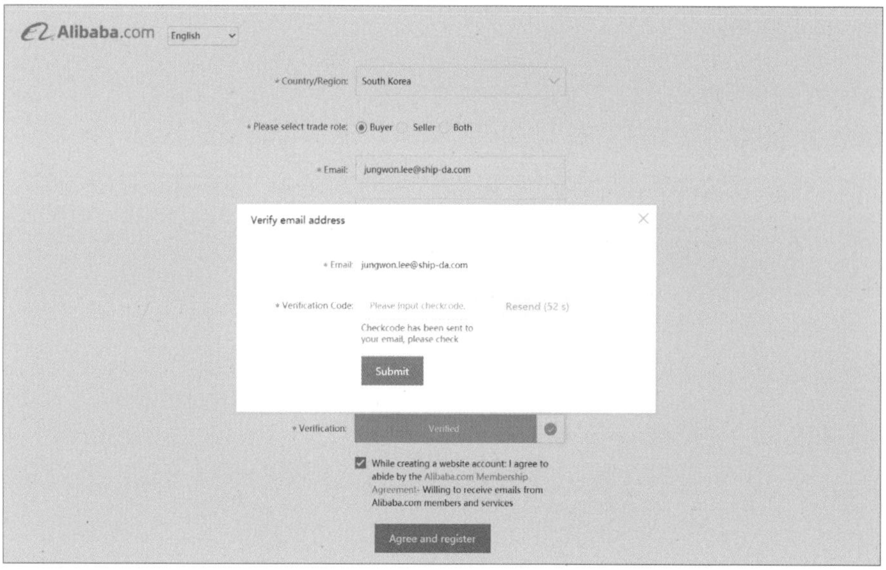

▲ 그림 2-1-5

액션 5 알리바바닷컴 서비스 이용하기

좌상단 알리바바 로고를 클릭하면 본 서비스를 이용할 수 있습니다.

▲ 그림 2-1-6

02

상품 검색하기

1 _ 상품 검색 방법: 키워드 검색 & 사진 검색

알리바바닷컴에서 상품을 검색할 수 있는 방법은 총 2가지입니다. 첫 번째는 상품명으로 검색하는 방법이고, 두 번째는 소싱하고자 하는 상품의 사진으로 검색하는 방법입니다.

▲ 그림 2-2-1

이전에는 한글로 검색하는 경우, 검색결과가 온전히 나오지 않았는데 현재는 알리바바닷컴 서비스가 거의 한국 사이트처럼 최적화가 되어 영문으로 검색하는 결과와 일치합니다.

▲ 그림 2-2-2

알리바바닷컴의 검색노출 알고리즘에 의하여 상품이 노출됩니다. 이와는 달리 상품 사진으로 검색하게 되는 경우 해당 상품을 보유 및 판매하고 있는 알리바바닷컴 내 공급자들이 노출됩니다.

키워드 검색에 의하여 상품을 검색할 수 있고, 이미지를 업로드하여 상품 검색이 가능합니다. [그림 2-2-3]에서 카메라 버튼에 마우스를 갖다 대면 '이미지로 검색하기'라는 탭이 생성됩니다. 이를 클릭한 뒤 검색하고자 하는 상품 이미지를 업로드 합니다. 타 경쟁 셀러가 판매하고 있는 제품의 공급처 정보가 궁금할 때 주로 이용하는 방법입니다. 국내 스마트스토어, 쿠팡 등의 상품만 아니라, 아마존에서 판매되고 있는 원하는 상품이 사실상 중국에서 생산되고 있기에 대다수의 상품을 알리바바닷컴에서 조회할 수 있습니다.

▲ 그림 2-2-3

예를 들어, USB 가습기를 소싱하기 위해 국내 시장조사를 하던 중 [그림 2-2-4] 상품이 마음에 들었다면, 해당 이미지를 다운로드 혹은 캡쳐합니다. 이후 이미지를 업로드하면 [그림 2-2-5]처럼 검색결과가 노출됩니다.

▲ 그림 2-2-4   ▲ 그림 2-2-5

'이미지와 검색결과가 일치하지 않는데요?'라고 물으실 수 있습니다. 네, 맞습니다. 상품 이미지와 조회되는 카테고리가 일치해야 원하시는 결과를 찾으실 수 있습니다. 현재는 '가방 및 케이스'라고 되어 있죠. 관련된 카테고리를 클릭하시다 보면 원하는 결과값을 찾을 수 있습니다. '기타(etc)'를 클릭하니 [그림 2-2-6]처럼 원하는 결과값을 찾을 수 있었습니다.

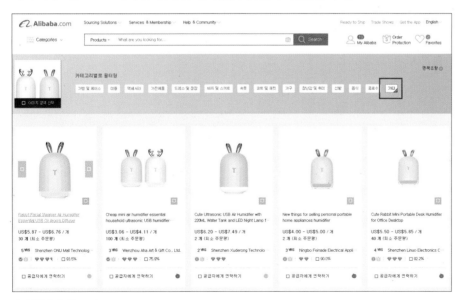

▲ 그림 2-2-6

2 _ 주문거래에 대한 보증: 거래 확약(Trade assurance payment)

알리바바가 성공할 수 있었던 비결은 바로 '거래 확약'이라는 제도에 있다고 생각합니다. 얼핏 보기에는 가벼운 전자상거래 시스템으로 보입니다만, 본 서비스는 최종소비자를 상대하는 B2C 사이트가 아닌 기업 대 기업의 거래가 이루어지는 B2B 웹 서비스입니다. 이는 1회당 거래액이 크다는 의미입니다. B2C 사이트의 경우, 최종소비자가 본인의 사용 목적으로 1~2개 정도를 구매하기 때문에 1회당 거래액 자체가 낮지만 B2B의 경우 대량 매입 후 판매를 하기 위해서 구매하는 것이기에 1회당 거래액 자체가 매우 높습니다. 따라서 주문에 대한 신뢰성이 없을 경우 해당 플랫폼은 살아남을 수 없었을 것입니다.

알리바바닷컴은 바이어들의 요구를 막대한 '자본력 + 국가(중국)의 특수성'으로 해결했습니다. 알리바바로부터 인증 받은 업체와 거래 시, 상품이 고객에게 최종 인도될 때까지의 모든 과정을 보호해 줍니다. 이를 '거래 확약'이라고 하고, 영어로는 'Trade assurance'라고 합니다. 제가 위에서 언급했던 기존 수출자-수입자와의 거래 리스크를 제거하기 위해 은행의 역할인 '신용장(L/C)'을 대체했다고 이해하시면 되겠습니다. 이는 한편으로는 '거래 확약'이 이루어지지 않은 공급 업체와 거래 시, 알리바바가 책임질 수 없다는 것을 의미하기도 합니다. 따라서 우리는 사이트 내에서 거래 시에는 보증된 업체와만 거래를 진행하기 위해 검색 시부터 필터링하여 진행할 것입니다. [그림 2-2-7]에서 보이는 '거래 확약' 버튼을 클릭하시면 가습기 검색 시 노출되었던 '72,499개의 상품' 중 주문 보증이 가능한 상품만이 필터링되어 노출될 것입니다.

▲ 그림 2-2-7

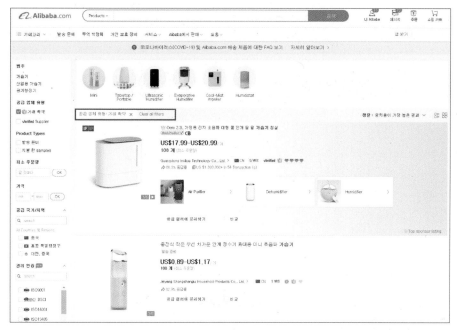

▲ 그림 2-2-8

Verified supplier란 '독립된 제3자 기관이 온오프라인 수단을 통해 회사 프로필, 관리 시스템, 생산 능력 및 제품 및 공정 제어의 특정 측면을 평가, 인증 및 검사한 공급업체'라고 알리바바에서 공식적으로 밝히고 있습니다.

(A Verified Supplier is a supplier for whom certain aspects of its company profile, management system, production capabilities, and product and process controls have been assessed, certified and/or inspected by independent third party institutions via online and offline means)

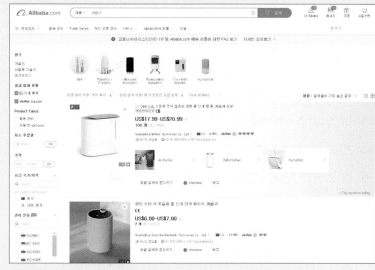

▲ 그림 2-2-9

간단하게 우량업체라고 생각하시면 됩니다. 또 한 번 필터링을 한 효과를 불러일으키기 때문에 상품의 가지 수는 추가적으로 감소할 것입니다. 수입자가 규모가 어느 정도 있어 품질 높은 상품을 대량으로 생산 및 소싱을 원할 경우, 레퍼런스가 있는 업체와 거래를 희망할 경우 활용합니다. 수출자가 희망하는 최소주문수량(MOQ)을 채우지 못하면 거래 자체가 성립되기 어려운 부분이 있기에, 소량으로 상품을 수입하여 판매해보고자 하는 셀러의 경우에는 거래 성사까지 제약이 있을 수 있습니다.

골드 멤버쉽 공급자로부터 거래하게 되는 경우 알리바바 온라인 주문보증 결제는 불가합니다. 단, 오프라인(전화, 이메일 등의 수단)으로부터 거래하게 되는 경우 알리바바가 상품 운송까지는 책임져주는 공급자를 의미합니다. 그러나 품질에 대한 보증은 해줄 수 없기 때문에 완벽한 주문보증 거래라고 보기는 어렵습니다. 중국 이외 국가의 공급자들은 골드 멤버쉽 공급자까지는 취득하였으나, 거래 확약 및 Verified supplier까지는 취득하지 못하고 있습니다. 이런 부분을 알리바바에서는 지속 확장 및 개선할 예정이라고 합니다.

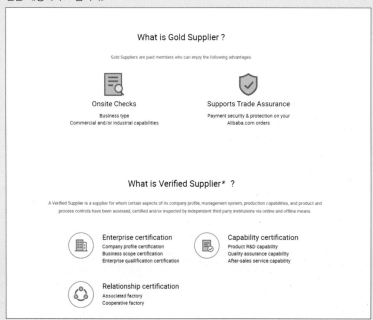

What is Gold Supplier ?

Gold Suppliers are paid members who can enjoy the following advantages.

Onsite Checks
Business type
Commercial and/or industrial capabilities

Supports Trade Assurance
Payment security & protection on your
Alibaba.com orders

What is Verified Supplier* ?

A Verified Supplier is a supplier for whom certain aspects of its company profile, management system, production capabilities, and product and process controls have been assessed, certified and/or inspected by independent third party institutions via online and offline means.

Enterprise certification
Company profile certification
Business scope certification
Enterprise qualification certification

Capability certification
Product R&D capability
Quality assurance capability
After-sales service capability

Relationship certification
Associated factory
Cooperative factory

▲ 그림 2-2-10

03
상품 상세페이지 2가지 유형 확인

알리바바닷컴 초창기와 달리, 상품 상세페이지 유형이 다변화되었습니다. 이전에는 무역 경험이 있던 유저에게 집중하여 상세페이지를 설계했다면 지금은 무역을 경험해보지 못한 신규 유저들도 흡수하기 위해 조금 더 편의성 있는 요소들을 도입했습니다.

1 _ 초기 버전: 상품 원가: 'FOB 가격'으로 표기 & 거래 방법: 오직 '공급자에게 연락하기'만 가능

[그림 2-3-1]에서 보이는 상세페이지 유형은 알리바바닷컴의 초창기 모습을 고스란히 보여줍니다. 두 가지를 주목해야 하는데, ❶ 상품원가를 표기하는 방법, ❷ 주문 방법입니다.

❶ 상품 원가를 표기하는 방법

우선 상품 가격의 경우, $1.55 ~ $3.85로 이루어져 있습니다. 눈치 빠른 분들은 '많이 사면 많이 살수록 상품 가격이 $1.55에 수렴하고, 적게 살수록 $3.85에 수렴하겠구나'라고 인지하실 것입니다. 그런데 의아한 부분이 하나 있을 것입니다. 가격은 가격인데 'FOB 참조 가격'이라고 기재된 부분이 도통 이해되지 않으실 것입니다. 해당 가격이 '상품 자체의 원가'를 의미하는 것인지, 아니면 '최종도착지까지 물류/통관비가 포함된 가격'을 의미하는 것인지 판단하기 어렵습니다.

결론적으로 말씀드리면 'FOB 가격'은 '상품원가' + '수출지 출고지 ~ 수출지 항구(공항)의 선박(비행기)'에 적재될 때까지의 제반비용의 합입니다. 즉 상품 그 자체의 원가도 아니고, 최종도착지까지의 물류/통관비가 포함된 가격도 아니라는 뜻입니다. 해당 FOB라는 것은 우리가 뒤에서 학습하게 될 '인코텀즈(Incoterms)'의 한 종류인데, 해당 무역용어에 대한 명확한 정의가 심어지지 않으면 매입원가를 정확히 파악하기 어렵고 거래를 진행하기가 어렵습니다. 정확하게는 거래는 가능할지 몰라도, 제대로 원가 산출을 고려하고 구매하지 못하게 될 것입니다. 따라서 무역을 잘 모르는 이들에게 이러한 전문적인 용어는 고객이 페이지를 떠나게 되는 요소였을 것입니다.

❷ 주문 방법

주문 방법은 주황색 버튼인 '공급자에게 문의하기' 방식이 유일합니다. 참조 가격을 홈페이지에 기재하였으니, 거래를 희망하는 사람이 있으면 '문의하기' 버튼을 눌러 연락하라는 방식입니다. 해당 버튼을 클릭하시면 수출자와 대화를 나눌 수 있는 '메시지 센터'라는 곳으로 이동하게 됩니다. 해당 페이지에서 상세한 내용들을 협의하시고 협의된 내용을 바탕으로 결제창을 생성하여 주문하는 방식으로 이루어집니다.

어떻게 보면 무역을 가장 잘 옮겨 놓은 상세페이지 유형입니다. 그러나 언급한 것처럼 무역 초심자들에게는 다소 어려움을 줄 수 있는 인터페이스이기에 알리바바는 몇 년 전부터 이런 니즈를 고려하여 새로운 인터페이스를 내놓게 되었습니다.

▲ 그림 2-3-1

2 _ 새로운 유형: '공급자에게 연락하기 & 즉시 주문하기' 가능

우리가 흔히 아는 이커머스 플랫폼처럼 상품의 옵션 및 수량을 입력한 뒤 주문이 가능한 형태의 상세페이지 유형을 새로 내놓았습니다. 해당 인터페이스로 인하여 무역에 경험이 없는 유저들도 쉽게 알리바바에 진입하게 되었습니다. 상품의 개수를 선택한 뒤, 주문 시작 버튼을 클릭하면 '주문 페이지'로 이동하게 됩니다.

▲ 그림 2-3-2

60개부터 주문이 가능하니, 파란색 가습기 60개를 구매해보도록 하겠습니다.

액션 1 최소주문수량(MOQ)를 확인하고 수량 선택

최소주문수량인 60개를 주문하기 위해, 파란색 가습기 수량을 60개로 지정합니다.

▲ 그림 2-3-3

액션 2 주문 시작하기 버튼 클릭

수량 선택 뒤 오른쪽 주황색 버튼 [주문 시작하기]를 클릭합니다. 클릭하게 되면 Buy Now라는 주문 페이지로 이동하게 됩니다.

액션 3 상품 수령할 주소 추가

알리바바에서 최초 수입하시는 경우 해당 페이지에서 상품을 수령할 주소를 추가합니다.

▲ 그림 2-3-4

[그림 2-3-5]와 같이 주소를 등록하는 창이 열리게 됩니다. 상품을 수령할 장소를 차례대로 입력하면 됩니다.

'회원가입 시 충분한 정보를 입력했는데 또 등록해야 되나요?'라는 질문이 나올 수 있습니다. 회원가입한 프로필과 상품을 수령할 기업체명/주소는 서로 다를 수 있습니다. 이에 다시금 정확한 주소를 확인하기 위함이라고 생각하시면 되겠습니다.

▲ 그림 2-3-5

❶ Country/Region(국가명 선택): Republic of Korea를 선택합니다.

❷ 수신인 성명: 개인이 상품을 수령하는 경우 '개인이름', 회사가 상품을 수령하는 경우 '회사명'을 입력합니다.

❸ 휴대전화번호: Country/Region에서 한국을 선택하시면 Country code가 자동으로 +82로 변경됩니다. 이후 나머지 번호를 Phone No.에 기재하시면 됩니다. 예시) 010-1234-5678인 경우, '10-1234-5678'로 기재하시면 됩니다.

❹ 주소 라인 1: 시/군/구 혹은 도로명 영문주소를 입력합니다.

영문 주소의 경우, 네이버와 같은 포털사이트에서 '영문 주소 변환'이라고 검색하는 경우 검색창이 노출됩니다. 복사한 뒤 붙여 넣습니다.

▲ 그림 2-3-6

❺ 주소 라인 2: 층/동&호수 등을 입력합니다.

❻ 도/특별시: 도 단위, 특별 및 광역시 기준으로 검색합니다.

❼ 시: 도/특별시에서 '도 단위'로 검색한 경우 '시/군/구 등'을 조회 가능, 도/특별시에서 '특별 및 광역시'로 검색한 경우 '구/군 등'을 조회 가능합니다.

❽ 우편번호: [그림 2-3-6]에서 조회된 주소의 우편번호 5자리를 입력합니다.

❾ TAG: 해당 주소가 어떤 성격인지 선택: 회사(Business), 공장(Factory), 창고(Warehouse), 거주지(Residential) 중 하나를 선택합니다.

해당 정보들을 입력한 뒤 하단의 'SUBMIT' 버튼을 클릭하면 주소가 등록됩니다. 배송지를 입력하면 [그림 2-3-8]처럼 우측의 금액 표기에 해당 지역까지의 배송비가 자동으로 표기됩니다.

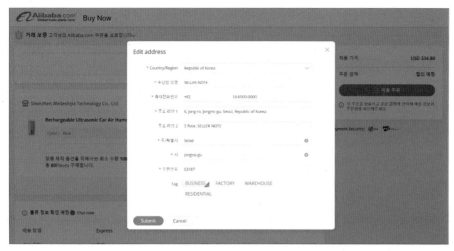

▲ 그림 2-3-7

▲ 그림 2-3-8

상품원가가 $5.58인 상품을 60개 구매했을 때, 제품 가격은 $334.8이고, 서울시 종로까지의 배송료
가 $457.85로 총 주문 금액이 $792.65로 확인됩니다. 하단으로 마우스를 스크롤하시면 거래 조건
과 결제 방법을 확인할 수 있습니다. 여기 표기된 거래 조건은 위에서 언급한 '무역조건(인코텀즈)'를
의미합니다. 뒤에서 더 자세하게 설명하겠지만 'DAP'는 'Delivered At Place'의 약자로 수출자가 수
입자의 최종도착지까지 상품을 운송해주는 조건입니다. 해당 조건에서는 한국 수입자는 수출자에게
총 물류비를 사전 지불합니다. 비용을 수취한 수출자는 도착지까지의 물류를 모두 책임지고 처리하
는데, 이를 DAP 조건이라고 하고, 해당 조건으로만 구매가 가능합니다.(중국 창고로 보내고 싶은 경
우에는 바로 결제는 안 되고 수출자가 배송비를 확인한 뒤 결제창을 열어줍니다.)

한국 수입자들이 이용할 수 있는 결제 방법은 크게 2가지가 있습니다. ❶ 신용/직불카드, ❷ 외화 이체
거래 방법입니다. 해당 내용은 결제 파트에서 다시 자세히 다루겠습니다. 무역조건을 확인하고, 결제

방법을 선택한 뒤 오른쪽 '결제 진행' 버튼을 누르면 실제 거래가 이뤄집니다. 시일 내로 상품을 수령하실 수 있게 됩니다. 그렇다면 이러한 의문이 드실 수 있습니다. '어라? 이렇게 쉽다고? 그러면 굳이 내가 이 책을 사서 읽거나, 영상을 통해 수입방법을 익힐 필요까지는 없겠는데?'라고 말입니다. 그러나 아쉽게도 해당 상세페이지는 간편하게 구매를 할 수 있다는 장점이 있으나, '한계점'이 존재합니다.

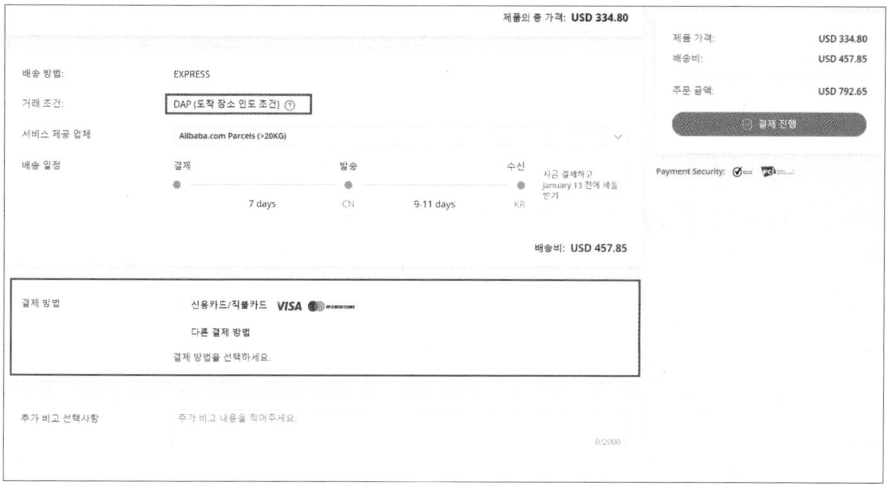

▲ 그림 2-3-9

3 _ 새로운 상세페이지 유형의 한계점: 물류 및 통관

새로운 상세페이지는 거래를 편하게 만들어 줄 수는 있어도, 거래를 제대로 이행되게는 만들지 못합니다. 그 이유를 크게 물류/통관으로 말씀드리고자 합니다.

❶ 물류

[그림 2-3-8]를 살펴보시면 상품금액은 $334.8인데, 물류비가 $457.85입니다. 즉 상품가격보다 물류비가 더 큽니다. 60개를 사는데 $792.65면 개당 매입원가가 약 $13.21(한화 약 14,000원)입니다. 여기에 관부가세도 지불하셔야 합니다. 해당 상품을 한국 최저가로 조회해본 결과 12,000원 정도로 판매하고 있음을 확인할 수 있습니다. 해외에서 기껏 소싱을 해왔는데, 판매하는 가격보다도 높은 가격으로 구매했다면 완전 낭패이겠죠. '소량을 구매했으니 이정도는 감당할 수 있어'라고 생각할 수 있습니다만, 알리바바닷컴을 이용하는 대부분의 고객층들은 소량 다품종 거래를 희망하시는 셀러 분들일 것입니다. 따라서 이러한 손해가 누적되게 된다면 추후 사업을 영위하는데 있어 어려움을 겪을 수밖에 없습니다.

여기서 주목해야 할 점은 해당 물류비는 '특송(EXPRESS)'이라는 운송수단으로 책정된 비용이라는 것입니다. ALIBABA.COM PARCELS(알리바바 전용 물류) & DHL & FEDEX와 같은 '특송(EXPRESS)'라고 불리는 서비스로 상품을 발송하는 것을 기준으로 견적이 청구되었습니다. 특송은 항공을 통해 화물을 운송하는 방법으로 매우 빠른 운송을 자랑합니다. 그러나 화물양이 많아지면 많아질수록 비싼 단가를 지불해야 한다는 치명적인 단점이 있습니다. 그런데 알리바바닷컴에서는 해당 새로운 상세페이지로 구매하고 한국 도착지 주소를 입력하면 특송으로만 구매를 할 수 있게 제한을 두었습니다. 사실 그럴 수밖에 없는 이유가 있습니다. 물류라는 특성 때문인데요. 특송은 알리바바 - 특송사간의 계약을 통해 가격을 통제할 수 있지만, 일반 해상(항공)의 경우 '유가, 수요&공급'에 따라 비용이 시시각각 변하기 때문에 가격을 통제할 수 없다는 구조적인 결함이 있습니다. 따라서 저렴하게 구매할 수 있는 운송수단에 제약이 생기게 되어 수입자는 비싸게 물류비를 지불하고 구매할 수밖에 없게 됩니다. 뒤에서 설명 드리겠지만 해당 60개 정도의 화물이라면 쉽다(SHIPDA) 창고로 입고시킨 뒤 운송하게 되면 최종도착지까지 15만원 내외로 수입이 가능합니다.

❷ 통관

해당 제품은 USB 가습기입니다. USB 가습기를 국내에서 수입하기 위해서는 KC인증이라고 불리는 인증을 취득해야만 됩니다. 그런데 상품을 발송하는 수출자들은 해외 인증인 'CE & FCC'와 같은 GLOBAL STANDARD 인증들은 취득하나, 한국에서만 인정되는 KC인증은 대체로 취득하지 않습니다. 따라서 만약 수입자가 아무런 준비없이 해당 상품을 결제하면, 수출자는 확인 후 상품을 발송하게 될 것이고 수입통관 과정에서 세관(Customs)로부터 제재를 당할 것입니다. 인증을 취득할 수 있다면 다행이지만, 그렇지 못할 경우 결국 폐기처분 혹은 반송해야 하는 상황이 벌어지게 될 것입니다. [그림 2-3-9]에서는 거래 조건(=무역조건)이 DAP로 설정되어 있습니다. 뒤에서 자세히 알아볼 것이지만 DAP 조건은 수출자가 최종도착지까지 상품을 운송해주지만, 수입통관은 수입자가 책임을 지는 조건입니다. 즉, 수입통관에서 문제가 발생하면 수입자가 모두 책임을 짊어져야 한다는 이야기입니다. 알리바바에서는 상품이 정상적으로 운송처리 되었으나, 수입통관에서 이슈 때문에 '수출자 - 수입자'간의 논쟁이 잦게 일어나다 보니 아예 해당 페이지를 설계할 때에 DAP 방식으로 진행되게끔 제약을 걸었습니다. 잘 모르는 수입자가 주문하게 되었을 경우 일어날 수 있는 모든 RISK를 수입자가 짊어지게 세팅했기에 어찌 보면 독소조항이라고 여겨지는 요소입니다.

위와 같은 2가지 이유로 저는 신규 상세페이지 유형을 마주하든, 기존 상세페이지 유형을 마주하든 '즉시 주문'이 아닌 '공급자에게 문의하기'를 택하여 수출자와 충분한 대화를 나눈 뒤, 사전 RISK를 모두 제거한 뒤 수입을 진행해야 하겠습니다.

04

수출자 – 수입자와의 커뮤니케이션 도구_ 메시지 센터

'공급자에게 문의하기' 버튼을 클릭하게 되면 '메시지 센터'로 이동할 수 있습니다. 해당 페이지에서 '수출자 – 수입자'간 거래에 대한 상세한 내용을 조율합니다. 사실상 알리바바닷컴 페이지에서 가장 자주 활용되는 인터페이스입니다. 모든 주문의 시작과 끝이 해당 인터페이스에서 이루어집니다.

무역거래는 수출자가 정한 일방적인 가격과 최소주문수량으로 사고파는 것이 아닌 협의(NEGO)로 이루어집니다. 따라서 앞으로 해당 메시지 센터에서 '상품원가' 및 '무역조건(Incoterms)'와 같은 것들을 협상하게 되실 것입니다. 상세페이지에서 '공급자에게 문의하기' 버튼을 누른 뒤 프로세스를 거치면 '메시지 센터'로 이동할 수 있고 수출자와 대화를 나눌 수 있습니다. 최초 문의가 완료된 이후에는 [그림 2-4-1]에서 보이는 것처럼 홈페이지 우상단에 있는 [메시지]를 클릭하시면 [메시지 센터]로 즉시 이동할 수 있습니다.

▲ 그림 2-4-1

지금부터는 상세페이지에서 메시지 센터로 이동하는 방법에 대해 학습해보겠습니다.

상세페이지에서 '공급자에게 연락하기' 버튼 클릭

'공급자에게 연락하기' 버튼을 클릭합니다.

▲ 그림 2-4-2

문의내역 남기기

이후 텍스트 영역에 간단한 인사와 문의 핵심 내용을 안내합니다. 통상적으로 샘플 구매가 가능한지를 묻는 경우의 문구를 남기곤 합니다. 여러 기타 채워 넣어야 할 요소들과 선택하는 영역들이 있습니다만, 신경 쓰실 필요없이 해당 메시지 영역에 남긴 말을 남기고 우하단의 '보내기' 버튼을 클릭하시면 됩니다. 메시지 영역에 채워 넣어야 할 간단한 인사 및 샘플 문의에 대해 예시로 확인해보겠습니다.

Hello, we are a trading company in Korea.
(안녕하세요, 저희는 한국에 있는 무역회사입니다.)
Can I get a sample for the quality test?
(품질 테스트를 위한 샘플을 얻을 수 있을까요?)
Please reply. Thank you.
(회신 부탁드립니다. 감사합니다.)

▲ 그림 2-4-3

▲ 그림 2-4-4

'보내기' 버튼을 클릭하시면 문의가 성공적으로 발송되었다는 문구와 함께 '메시지 센터 가기' 버튼이 활성화됩니다. 버튼을 클릭하시면 수출자와 메시지를 나누는 [그림 2-4-6]처럼 '메시지 센터'로 이동하게 됩니다. 판매자로부터 회신이 오는 순간, 무역거래가 시작됩니다.

▲ 그림 2-4-5

▲ 그림 2-4-6

메시지 센터에서 어떤 대화를 주고받는지는 뒤에서 자세히 확인하기로 하고, 상세 기능들에 대해 살펴보겠습니다. [그림 2-4-7]을 보면 채팅창에 '주문 시작하기'와 'Logistics Inquiry(물류비 문의하기)'의 Tag를 확인할 수 있습니다. 통상적으로 알리바바 거래 시, 해당 인터페이스는 잘 이용하지 않습니다. '주문 시작하기'의 경우 수입자들이 요구한 사항에 맞춰 수출자가 커스터마이징 한 뒤 수출자가 주문 결제창을 만들어주는 것이 일반적이기 때문입니다. 'Logistics Inquiry(물류비 문의하기)'의 경우에도 중국 수출자가 알아보는 가격 대비 수입자가 직접 물류비를 조사하고 탐색하는 비용이 더 저렴하기 때문에 사실상 기능을 이용하지 않습니다.

▲ 그림 2-4-7

채팅창 하단에 있는 4가지 기능은 자주 사용하기 때문에 알아 두시면 좋습니다.

▲ 그림 2-4-8

❶ **템플릿**: 자주 사용하는 문장을 저장합니다. 저장된 문구를 채팅창에 발송할 수 있습니다.

실제 알리바바닷컴을 통해서 무역거래를 지속하시다 보면 기계적으로 문의하고 회신하는 우리 모습을 볼 수 있을 것입니다. 그럴 수밖에 없는 것이 무역 거래라는 것이 사실 프로세스를 이해하고 나면 뻔하기 때문입니다. 돌발 상황들이 발생할 수는 있지만, 주고받는 대화가 큰 범위 하에서 달라지지 않기 때문에 자주 사용하는 채팅 문구들을 저장하시면 편리합니다. [그림 2-4-9]처럼 채팅창에 문구를 남긴 뒤, 버튼을 클릭하면 '템플릿으로 저장'할 수 있는 버튼이 활성화됩니다. 이를 클릭하시고 템플릿명을 정합니다.

▲ 그림 2-4-9

▲ 그림 2-4-10

저장이 완료되고, 다시 해당 버튼을 클릭하고 '상품원가 문의'를 클릭하면 해당 문구가 채팅창에 표기됩니다.

▲ 그림 2-4-11 저장된 탬플릿 전송하기

❷ **음성/영상 통화**: 거래를 하다 보면 텍스트만으로 한계에 부딪힐 수 있습니다. 그때 음성/영상 통화 연결을 통해 미팅을 진행할 수 있습니다. 필자의 경우 잘 활용하지 않지만, 필요하신 분들이 있을 것 같아 안내합니다.

❸ **Business card**: 회사 프로필을 공유합니다. 해당 프로필은 회원가입 시 등록한 정보입니다. Edit 버튼을 클릭하면 회사 정보를 수정/변경할 수 있습니다. 수출자에게는 추후 거래 시, 상품을 수입하고자 하는 주체를 명확히 해야 합니다. 가입되어 있는 프로필과 실제 수입을 진행할 회사가 다를 수 있습니다. 회사 정보를 보내실 때에는 실제 수입을 진행할 회사의 정보를 안내해야 합니다. 정확한 기준은 '수입통관'을 진행하는 주체입니다.

▲ 그림 2-4-12

❹ **Address card**: 주소를 저장하고 불러올 수 있습니다. 해당 주소정보는 상품을 수령할 주소입니다. Business card와 마찬가지로 상품을 수령할 주소를 수출자에게 안내해야 합니다. 자주 사용하는 주소를 미리 등록하고 편하게 발송하면 편리합니다.

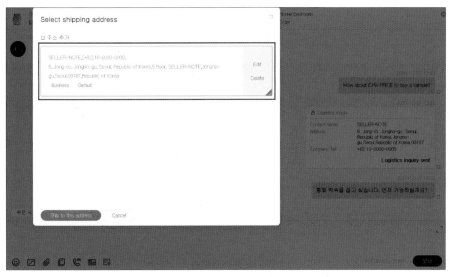

▲ 그림 2-4-13

이외 메시지 센터에서 확인할 수 있는 나머지 기능들은 '주문'과 관련된 영역이기에 CHAPTER 3에서부터 다뤄보도록 하겠습니다.

05
상세기능 더 알아보기

무언가를 선택할 수 있는 기능은 아니지만, 상세페이지에서 제공하는 정보들에 대해 알고 있으시면 좋습니다. 하나하나 살펴보도록 하겠습니다. 상세페이지에서 '커스터마이징' 부분을 살펴보시면 '개인 맞춤 로고 & 개인 맞춤 포장'을 확인하실 수 있습니다. 기본적으로 알리바바닷컴에 입점한 업체는 상품을 직접 생산하는 '제조사(Manufacturer)'입니다. 물론 제조사의 상품을 소싱하여 글로벌 판매하는 '무역회사(Trader)'도 존재합니다. 어떤 유형이든 수입자가 원하는 커스터마이징을 처리해줄 수가 있습니다.

(1) 개인 맞춤 로고

OEM 생산을 의미합니다. 기성 상품에 내 로고(Logo)를 부착하여 생산하는 방법을 일컫습니다. 스마트스토어나 쿠팡과 같은 전자상거래 플랫폼에서 상품은 분명 동일한데 로고가 다른 제품들을 많이 목격하셨을 것입니다. 수입자들이 본인의 브랜드를 강화하기 위해 우수 상품에 위와 같은 OEM 방식을 도입하여 판매하고 있는 것입니다. 상세 내용을 보시면 최소 주문이 1,000개로 되어 있는데, 이는 로고를 부착 및 프린팅하게 되었을 경우, 기존 재고상품을 판매하는 것이 아니라 생산이 들어가야 하기 때문에 일정 정도의 양을 요구합니다. 그러나 조금 팁을 드리자면 해당 주문수량은 협상을 통해 조절이 가능합니다. 알리바바에서는 모든 것이 협의입니다. 이것이 무역의 묘미입니다. OEM 생산을 하고자 하는데 최소 주문수량이 조금 부담된다고 줄일 수 없겠냐고 문의하시면 수출자에 경우에 따라 승낙하기도 합니다. 방법은 간단합니다. 수출자에게 상품 로고 파일(Ai, PSD 파일)을 전달하면 됩니다. 이후 수출자가 어떤 위치에 상품 로고를 부착하면 되겠냐고 그림 파일로 예시로 들며 안내할 것입니다. 커뮤니케이션을 통해 부착 위치를 논의하시면 되겠습니다.

(2) 개인 맞춤 포장

상품의 포장을 OEM하는 것을 의미합니다. 통상적으로 상품을 수입한 뒤, 최종 소비자에게 수출자로부터 받은 상품대로 택배를 발송하는 것이 일반적일 것입니다. 혹은 포장지를 갈아치워서 보내는 방법도 존재하지만 상당한 품이 들어가게 됩니다. 따라서 이러한 리소스를 제거하기 위해 수출자에게 포장박스도 커스터마이징 해달라고 요구할 수 있습니다. 만약 이 방식을 적용하지 않는다면 최종 소비자 입장에서 중국어가 잔뜩 적힌 포장 박스를 수령하실 수도 있습니다. 마찬가지로 최소 주문 수량을 요구하며, 이를 줄여 달라고 협상하실 수 있습니다. 마찬가지로 포장 디자인 파일을 전달하시면 됩니다.

(3) 커스터마이징 주문 생산

상세페이지에 표기되어 있진 않지만 ODM 거래도 가능합니다. 수입자가 디자인 및 설계에 대한 기획을 하여 주문 제작하는 케이스를 의미합니다. 수출자에게 별도 문의가 필요합니다.

(4) 결제

결제는 크게 두 가지 방법으로 진행 가능합니다. VISA&MASTER가 기재된 '신용 및 체크카드'로 결제하는 방법이 하나 있고, '외화 이체(T/T)' 거래 방식이 있습니다. 결제대금이 적으면 '신용 및 체크카드'로 크면 '외화 이체(T/T)' 방식을 채택하여 거래하는 편입니다. 정확한 결제 방법은 뒤에서 별도 안내 드리겠습니다. 이외 나머지 상세페이지 내용들은 한 번씩 살펴보시면 되겠습니다. 거래에 있어 핵심 내용은 아니기에 건너뛰고 넘어갑니다.

▲ 그림 2-5-1

(5) 알리바바닷컴 실시간 상담 문의

알리바바닷컴 정책 및 환불/교환 등의 클레임 등에 대해 상담원에게 문의할 수 있는 실시간 채팅 서비스가 있습니다. 유선 문의는 제공하지 않고 오직 실시간 상담원과의 온라인 채팅만을 제공합니다. 인트로 페이지 하단 [고객 서비스 - 지원센터]로 이동합니다.

▲ 그림 2-5-2 홈페이지 하단 '지원 센터' 클릭

이후 페이지 하단의 [Online Service] 버튼을 클릭하면 [그림 2-5-4]처럼 채팅창이 열립니다.

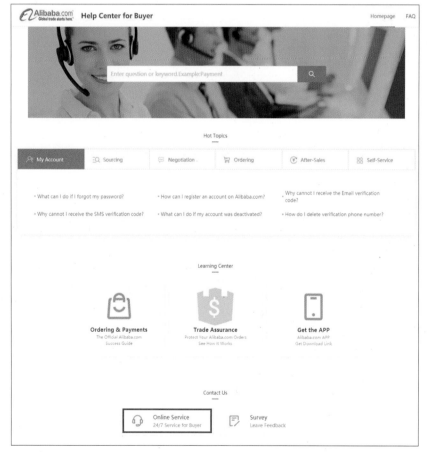

▲ 그림 2-5-3

채팅창이 열리면 Anna라는 채팅봇과 상담을 진행할 수 있습니다. 이후 'Chat with an agent now' 버튼을 클릭하시면 1:1 상담을 도와줄 인력과 매칭됩니다. 알리바바닷컴 이용하는데 있어 궁금하신 내용 혹은 수출자(판매자)와의 애로사항 발생사항 등에 대한 답변을 희망하실 경우 해당 인터페이스를 활용하시면 됩니다.

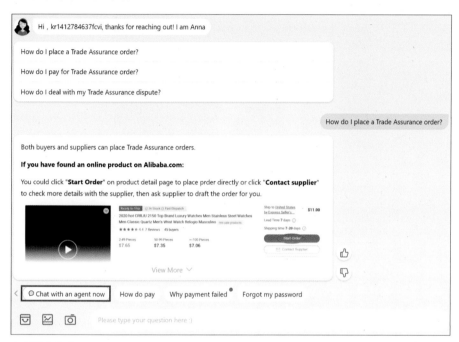

▲ 그림 2-5-4

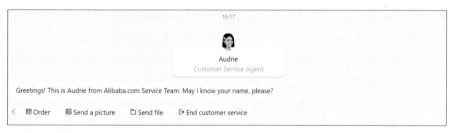

▲ 그림 2-5-5

03

꼭 알아야 할 무역 용어와
초보자를 위한 샘플 수입 프로세스

거래를 진행하기 위한 기초 무역/통관 용어 정리와 수출입자간의 업무 범위를 학습할 것입니다. 이후 샘플 수입을 진행하기 위해 해당 이론적 지식을 어떻게 실무적으로 활용하는지에 대해 구체적으로 학습합니다.

01

커뮤니케이션을 위한 필수 무역 용어
– '인코텀즈(Incoterms)'

무역조건(Incoterms)에 대해 상세하게 알아보겠습니다. 무역조건, 영어로는 '인코텀즈(Incoterms)' 라고 불립니다. 이는 수출자 – 수입자간 업무의 범위를 정하는 무역 용어이고, 국제 상공회의소 (ICC)가 무역 계약에 사용되는 각국의 조건을 통일할 목적으로 제정하였습니다. 수출자 – 수입자간 에 업무의 범위를 구분 짓는 정확한 정의가 없다면 거래 건마다 상호 간 상세 협의가 필요하고 업무 의 비효율성이 발생합니다. 또한 문제 발생 시 기준이 없을 경우 분쟁 해결이 어려운 점을 명확히 하 기 위해 '인코텀즈'라는 무역용어가 탄생하게 된 것입니다. 이는 알리바바 거래에서만 사용되는 용어 가 아닌, 글로벌 무역 관련 종사자들이라면 필수적으로 알고 있어야 할 일종의 언어입니다.

인코텀즈는 업무의 범위를 정하는 용어라고 설명 드렸습니다. 수출자 – 수입자간 해당 인코텀즈를 협의한 이후 수출자가 상품을 수출지 항구(예: 상해항)에 있는 선박까지 운송 및 적재한다고 정하면, 수입자는 자연스럽게 수출지 항구(예: 상해항)에서부터 최종도착지까지 본인이 책임지고 운송을 맡 아야 합니다. 이러한 운송/책임에 대한 범위를 정하는 것이 '무역조건'이며, 흔히 '인코텀즈'라고 부 릅니다.

여러 인코텀즈가 존재하지만 수입 초보자들이 가장 쉽게 접할 수 있는 조건은 'D조건'입니다. 여기서 의 D는 Delivered의 약자로 수출자가 수입자의 최종도착지까지 본인의 책임 하에 운송해줍니다. 다 만, 편리한 만큼 약점이 존재합니다. 바로 '물류비'를 최적화하기 어렵다는 것인데요. 해당 내용에 대 해서는 뒤에서 자세히 다뤄보겠습니다. 본 교재에서는 이전 집필했던 도서인 [혼자서도 할 수 있는 알리바바 도소매 해외 직구]와는 달리 D조건은 샘플을 구매하는 정도로만 활용하고, 본품을 주문할 때에는 물류비용을 최적화 가능한 F조건을 이용할 것입니다. 뒷부분에서 자세히 다뤄 보도록 하겠습니다. 지금부터는 실제 무역 종사자들이 주로 사용하는 인코텀즈 6가지와 알아두면 좋을 1가지 인코텀즈를 추가적으로 학습해보도록 하겠습니다.

1 _ 업무 범위에 영향을 미치는 인코텀즈(Incoterms)

'EXW/FOB/CIF/CFR/DAP(=DDU)/DDP'가 기본 인코텀즈로 여기에 추가하여 FCA라는 인코텀즈를 추가 학습할 것입니다. 해당 인코텀즈의 첫 알파벳으로 우리는 이들을 구분할 수 있습니다.

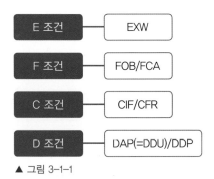

▲ 그림 3-1-1

수출자 – 수입자의 업무 범위를 나누는 것이 인코텀즈라고 설명 드렸는데, E조건에서부터 D조건으로 가면 갈수록 (E조건〉F조건〉C조건〉D조건) 수출자가 해야 할 업무의 범위가 많아진다고 이해하시면 됩니다. E조건에서는 수출자가 할 일이 가장 적고, D조건에서는 수출자가 해야 할 일이 가장 많다는 것입니다. 수입자는 반대로 생각하면 되겠죠? E조건에서는 수입자가 해야 할 일이 가장 많고, D조건에서는 수출자가 해야 할 일이 가장 적습니다.

▲ 그림 3-1-2

세부적인 인코텀즈를 이해하기에 앞서, 큰 틀의 업무 절차에 대해 알아보도록 합니다. 수출자는 상품을 제작하고 이를 포장합니다. 그리고 상품을 수출하기 위해 필수 서류(C/I, P/L 등)을 작성합니다. 여기까지는 수출자가 필수적으로 처리해야 할 업무입니다. 그러나 나머지는 수출자/수입자가 상호 간 업무 범위를 나누어 처리합니다. 예를 들어 수출자가 한국 항구나 공항의 운송까지만 책임을 지겠다고 한다면, 나머지 업무 처리는 수입자가 직접 처리해야 합니다. 물론 수입자가 직접 방문해서 물건을 가져오거나 통관을 직접 처리하진 않겠죠. 이를 운송하거나 통관을 처리해 줄 파트너를 직접 선정해야 한다는 의미가 되겠습니다.

※ ▨▨▨ 음영: 수출자 고유 업무 / ▨▨ 음영: 수입자 고유 업무 / 나머지는 상호간 협의
▲ 그림 3-1-3

큰 틀을 이해하셨다면 대표적으로 사용되는 인코텀즈 6가지와 추가 조건을 학습해보도록 하겠습니다.

(1) EXW: EX-WORK

공장인도 조건이라고 불립니다. 여기서 WORK는 '일하다'라는 동사의 의미도 가지고 있지만 '공장'이라는 명사의 의미도 갖고 있습니다. EX는 '~앞'을 뜻하는 단어로, WORK는 '공장 앞'이라는 의미를 갖고 있습니다. 이를 풀어 설명하자면 수출자가 공장에서 상품을 제작한 뒤 해당 물품을 공장 앞에(EX-WORK) 두면 수출자가 해야 할 업무가 종료된다는 의미로 해석할 수 있습니다.

[그림 3-1-4]을 참조하자면 수출자는 수출서류 작성까지 업무를 처리합니다(어떤 인코텀즈라고 하더라도 수출서류는 일반적으로 수출자가 작성하는 것이 일반적입니다.) 이후 수출통관 신고부터 8번의 상품수령까지가 수입자가 해야 할 업무의 범위가 됩니다.

수입자는 수출지 출고지에서부터 업무를 맡아 최종도착지까지의 업무를 책임지게 됩니다. 이 과정에서의 운송(수출지 출고지 ~ 최종도착지)은 포워더에게, 통관은 관세사를 통해 진행하게 됩니다.

상품제작 및 포장 ➊ → 수출서류 작성 ➋ → 수출통관 신고 ➌ → 내륙운송 ➍ (출고지➡수출지 항구/공항) → 해상/항공 운송 ➎

상품 수령 ➑ ← 내륙운송 ➐ (수입지 항구/공항➡최종도착지) ← 수입통관 신고 ➏ ←

※ ▢▢▢ 음영: 수출자 고유 업무 / ▮▮▮ 음영: 수입자 고유 업무

▲ 그림 3-1-4

알아두기 ▶ 운송 & 통관은 직접 처리해야 하는 것인가요?

EXW조건에서는 수입자가 해야 할 업무 범위가 매우 많습니다. 수출통관 신고부터 최종도착지까지의 운송 및 통관을 수입자가 직접 처리해야 합니다. 물론 운송 및 통관을 스스로 처리하는 것은 아니고, 이를 처리할 파트너를 직접 선정해야 합니다. 일반적으로는 국제물류주선인이라고 불리는 포워더(FORWARDER)에게 일괄적으로 의뢰합니다.

(2) FOB: FREE ON BOARD

본선인도 조건이라고 불립니다. '본선(船)'이기 때문에 해상운송을 진행할 때에만 사용하는 인코텀즈 조건이나, 실무에선 편의상 항공운송을 진행하는 경우에도 해당 인코텀즈를 사용합니다. FOB는 FREE ON BOARD의 약자입니다. 여기서 'B'는 BOARD의 약자이고 '선박의 한 면(BOARD)'를 의미합니다. 따라서 수출자가 수출지 측 항구에 접안된 선박의 한 면(BOARD)에 물건을 내려놓는다면 (FREE) 업무가 끝이 남을 의미합니다.

[그림 3-1-5]를 참조하자면 수출자는 본인의 책임 하에 상품제작 이후 수출지 항구(공항)에 있는 선박 (비행기)에 상품을 적재합니다. 이후 나머지 업무는 수입자가 처리하게 됩니다. 수입자는 수출지 항구 (공항)에서부터 업무를 맡아 최종도착지까지의 업무를 책임지게 됩니다. 이 과정에서의 운송(수출지 항구(공항) ~ 최종도착지)은 포워더에게, 통관은 관세사를 통해 진행하게 됩니다.

※   음영: 수출자 고유 업무 / ▨▨ 음영: 수입자 고유 업무

▲ 그림 3-1-5

(3) CFR: COST, FREIGHT

운임포함 인도 조건이라고 합니다. COST는 '비용을 지불하다'라는 동사의 의미로 사용되고, FREIGHT는 '선박의 운임'을 뜻하게 됩니다. 이에 해당 조건을 풀어 설명하자면 수출자가 수입지 항구까지의 해상운임을 지불하는 조건이 됩니다. 운임을 지불하니 당연히 수입지 항구까지 수출자가 책임지고 보내주겠죠? (해당 용어는 해상운송 용어이나, 항공으로 진행할 때에도 편의상 이를 활용합니다. 항공에서는 CPT를 활용하는 것이 원칙이나 실무적으로는 CFR을 사용합니다.)

[그림 3-1-6]을 참조하자면 수출자는 본인의 책임 하에 상품제작 이후 수입지 항구(공항)까지 선박(비행기)를 이용하여 상품을 운송해줍니다. 이후 나머지 업무는 수입자가 처리하게 됩니다. 수입자는 수입지 항구(공항)에 도착한 선박(비행기)에서 상품을 양하하는 작업부터 최종도착지까지의 업무를 책임지게 됩니다. 이 과정에서의 운송(수입지 항구(공항) ~ 최종도착지)은 포워더에게, 통관은 관세사를 통해 진행하게 됩니다.

※   음영: 수출자 고유 업무 / ▨▨ 음영: 수입자 고유 업무

▲ 그림 3-1-6

(4) CIF: COST, INSURANCE AND FREIGHT

운임, 보험료 포함 인도 조건입니다. CFR과 업무 범위는 같습니다. 다만, 수출자가 운송 진행 시 운송구간에 대한 보험을 체결하고, 그에 따른 보험료를 수출자가 부담하는 조건입니다.

인코텀즈는 뒤에서 다시 언급하겠지만, '업무의 범위'와 더불어 '책임'과 연관성이 있습니다. CIF도 CFR과 마찬가지로 수출자가 수입지 항구(공항)까지 상품을 운송해줍니다. 그러나 CFR의 경우 수출자는 수출지 항구(공항)에서 위험에 대한 책임이 끝납니다. 그러나 CIF의 경우 수입지 항구(공항)까지 위험에 대한 책임이 수출자에게 있습니다.

두 조건은 보험을 체결하는 주체가 누군지의 차이일 뿐입니다. 금액이 큰 상품을 수입하게 될 때에는 진행하시게 될 경우 대체적으로 적하보험을 신청합니다. CIF로 진행할 경우 수출자가 보험계약을, CFR로 진행할 경우 통상적으로 수입자가 보험계약을 체결하여 업무를 진행합니다. 단, 소량이거나 수입하는 금액이 적은 이커머스 수입자분들의 경우 적하보험을 들지 않고 수입하기도 합니다.

(5) DDP: DELIVERED DUTY PAID

관세지급 인도 조건입니다. 무역거래를 A TO Z라고 한다면, 수입자가 손 하나 까딱하지 않게끔 수출자가 모든 업무를 처리하는 조건이 DDP조건입니다. 통상적으로 수입통관 시 신고 및 관세 납부 등은 수입자가 하는 것이 업무상 효율적이나 그 부분까지도 수출자가 대행해서 일괄 서비스를 진행하겠다는 것입니다.

'DELIVERED' 즉 최종도착지까지 수출자가 업무를 처리하겠다는 의미입니다. 'DUTY PAID'의 경우 수출자가 관세(DUTY)를 본인이 직접(PAID)하겠다는 의미입니다.

상품제작 및 포장
수출서류 작성
수출통관 신고
내륙운송
(출고지 → 수출지 항구/공항)
해상/항공 운송
수입통관 신고
내륙운송
(수입지 항구/공항 → 최종도착지)
상품 수령

※ 음영: 수출자 고유 업무 / 음영: 수입자 고유 업무

▲ 그림 3-1-7

(6) DAP(=DDU): DELIVERED AT PLACE

도착장소 인도 조건입니다. DDP와 마찬가지로 최종도착지까지 DELIVERED(배송 완료)해주는 조건이라고 생각합니다. 다만 DDP와 한 가지 차이점이라면 관부가세를 수입자가 지불해야 한다는 것입니다. 무역을 A TO Z라고 한다면, DDU는 관부가세를 수입자가 지불하는 A TO X 조건이라고 생각하면 이해가 빠르실 것입니다. 인코텀즈는 10년마다 개정이 됩니다. 이전에는 DDU(DELIVERED DUTY UNPAID) 조건으로 명칭 되었는데 개정되면서 DAP라고 바뀌었습니다. 사실상 동일한 의미를 지니고 있는 인코텀즈로 인지하시면 되겠습니다.

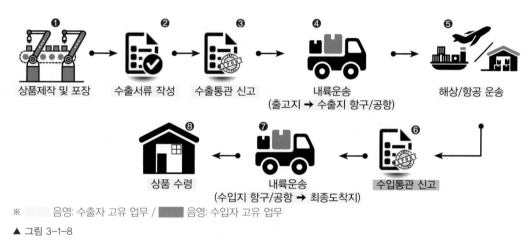

❶ 상품제작 및 포장 → ❷ 수출서류 작성 → ❸ 수출통관 신고 → ❹ 내륙운송 (출고지 ➔ 수출지 항구/공항) → ❺ 해상/항공 운송

❽ 상품 수령 ← ❼ 내륙운송 (수입지 항구/공항 ➔ 최종도착지) ← ❻ 수입통관 신고

※ ▨▨▨ 음영: 수출자 고유 업무 / ▨▨▨ 음영: 수입자 고유 업무

▲ 그림 3-1-8

지금까지 주로 사용되는 인코텀즈 조건에 대해서 알아보았습니다. 수출자와 업무 범위를 협의하신다면 어떤 인코텀즈 조건이 가장 편할까요? D조건입니다. 따라서 초보자들이 무역에 연착륙 할 수 있게 D조건으로 첫 안내를 드릴 것입니다. '수입통관 및 관부가세 비용 지불까지 수출자가 책임지는 DDP로 구매하면 정말 편하겠구나'고 생각하실 텐데요. 그러나 아쉽게도 DDP조건이 아닌 DAP(=DDU)조건을 활용해 수입해야 합니다. DDP조건으로 처리하면 더할 나위 없겠지만 CHAPTER 2에서 언급한 것처럼 우리나라는 KC인증, 검역 등 수입통관이 상당히 까다로운 나라에 속합니다. 그래서 수출자가 수입통관까지 책임지는 DDP조건으로는 거래를 꺼리고, DAP(=DDU)조건으로 거래를 진행하실 희망합니다. 인코텀즈는 위 6가지 이외에 2020년 개정된 인코텀즈들이 있습니다만, 실질적으로 활용도가 낮기 때문에 언급하지 않겠습니다. 나머지 사항들은 인터넷 검색으로 충분히 찾아보실 수 있습니다.

(7) 추가로 알아두면 좋을 인코텀즈: FCA

FCA의 의미는 '수출지 내륙에 있는 특정 운송인에게 상품을 인계했을 때, 수출자의 업무 범위가 종료된다'입니다. 예를 들어, 수출자는 수출지 항구까지 상품을 보내기보다는 수출지 내륙 어딘가에 상품을 운송하고 업무를 끝내고 싶을지 모릅니다. 이때 사용하는 인코텀즈가 FCA입니다. 예를 들어, 우리가 흔히 알고 있는 '배송대행지'에 수출자가 상품을 입고해 줬으면 한다면 인코텀즈 FCA를 사용하면 됩니다.

아주 간단하게는 수출지 내륙에 있는 특정 장소에 수출자가 상품을 보내는 조건으로 이해하시면 되고, 엄밀하게는 수출지 내륙에 있는 특정 운송인에게 상품을 인계한다고 이해하시면 되겠습니다. 이런 의미에서 FCA는 항공운송에도 적용됩니다. 수출지 내륙(공항)에 있는 특정 운송인(항공운송사)에게 상품을 인계했을 때, 수출자의 업무의 범위가 끝나기에 항공운송은 FCA로 사용됩니다.

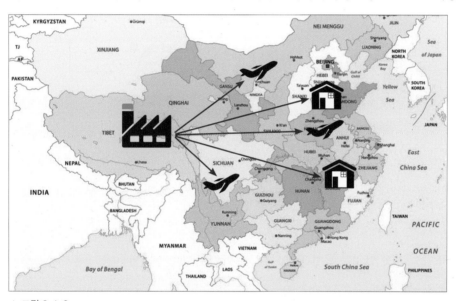

▲ 그림 3-1-9

이해하기 어려우시다구요? 굳이 이해하실 필요까진 없습니다. 다만 이 방식을 우리가 언제 활용하는지에 대해서만 명확하게 머리 속에 기억하시면 됩니다. CHAPTER 10에서는 물류비를 절감하기 위해 수입 전용창고에 판매자(수출자)의 화물을 입고시켜 수입하는 방법에 대해 학습할 것입니다. 이때 사용되는 인코텀즈가 바로 FCA라는 것이라는 것만 기억하시면 되겠습니다.

2 _ 견적에 영향을 미치는 인코텀즈(Incoterms)

인코텀즈는 업무 범위를 나눌 뿐 아니라, 수출자에게 지불해야 하는 견적에도 영향을 끼칩니다. 수출자이기 이전에 '판매자'이고, 수입자이기 이전에 '구매자'입니다. 상식적으로 구매자는 판매자가 일한 만큼만 비용을 지불합니다. 따라서 판매자, 즉 수출자가 맡은 업무범위에 한하여 수입자에게 비용을 청구하기 때문에 인코텀즈는 수입자가 수출자에게 지불하는 견적에 영향을 끼치게 됩니다.

(1) EXW조건의 수출자 업무범위

수출자는 상품을 제작하고 포장한 뒤 공장 앞에 둡니다. 이에 EXW조건에서는 수출자가 수입자에게 '상품원가'만을 청구할 수 있습니다. 인코텀즈 뒤에 PRICE(가격)이 붙으면 해당 업무범위까지의 가격을 의미하는데, 'EXW PRICE'는 이에 상품 원가라는 뜻을 갖게 됩니다.

(2) FOB조건의 수출자 업무범위

수출자는 본인의 책임 하에 상품을 제작한 뒤, 출고지에서부터 협의된 수출지 항구(공항)으로 운송을 진행합니다. 이후 수출통관을 처리하고 상품을 선박(비행기)에 적재합니다. 이에 FOB조건에서는 수출자가 수입자에게 '상품원가' + '수출지 출고지 ~ 수출지 항구(공항)까지의 운송비' + '선박(비행기)에 상품을 적재하는 부대비용' + '수출통관비'까지 청구하게 됩니다. 이를 FOB PRICE라고 정의합니다. [그림 3-1-10]에서 확인할 수 있는 'FOB 참조 가격'이라는 것을 이제 이해하실 수 있겠죠? $1.55~$3.85로 이루어진 해당 가격은 상품의 원가가 아닌 '상품원가' + '수출지 출고지 ~ 수출지 항구(공항)까지의 운송비' + '선박(비행기)에 상품을 적재하는 부대비용' + '수출통관비'인 것입니다.

▲ 그림 3-1-10

(3) CFR / CIF 조건의 수출자 업무범위

상품을 제작하고 포장한 뒤, 출고지에서부터 협의된 수입지 항구(공항)까지 운송 및 통관을 처리합니다. 이에 CFR / CIF 조건에서는 수출자가 수입자에게 '상품 원가 + 출고지 ~ 수입지 항구(공항)까지의 운송, 적재, 수출통관비'까지 청구하고, 이를 CFR 조건이라고 합니다. CIF의 경우에는 I가 Insurance를 뜻하는 것으로 이는 적하보험을 의미합니다. 일종의 화물 보험이라고 이해하시면 됩니다. CIF는 CFR과 달리 적하보험을 수출자가 신청하여 보내주는 조건을 뜻합니다. 이에 CIF PRICE 는 '상품 원가' + '수출지 출고지 ~ 수입지 항구(공항)까지의 운송비 및 적재하는 부대비용' + '수출 통관비' + '적하보험료'로 정의합니다.

(4) DDP 조건의 수출자 업무범위

상품을 제작하고 포장한 뒤, 출고지에서부터 수입자가 지정한 최종도착지까지 운송합니다. 또한 수입지에서의 통관 관련 제반업무를 수출자가 처리합니다. 이에 DDP 조건에서는 수출자는 수입자가 상품을 수령하기까지 발생하는 모든 비용을 청구하고, DDP PRICE로 정의합니다. 수입자 입장에서는 DDP PRICE는 최종 매입원가가 됩니다.

(5) DAP(=DDU) 조건의 수출자 업무범위

상품을 제작하고 포장한 뒤, DDP와 마찬가지로 출고지에서부터 수입자가 지정한 최종도착지까지 운송합니다. 그러나 수입지에서의 통관 업무만큼은 수입자가 처리합니다. 이에 DAP(=DDU) 조건에서는 수출자는 수입자가 상품을 수령하기까지의 모든 비용 중 수입통관 관련 비용만 제외하고 비용을 청구합니다. 이를 DAP PRICE 혹은 DDU PRICE로 정의합니다. 업무의 범위를 정확하게 이해하고 상품을 공급하는 이가 상품을 구매하는 이에게 업무 수행범위만큼 견적을 청구한다고 생각하면 해당 내용을 이해하는데 크게 어려움이 없으실 것입니다.

3 _ 위험에 대한 책임에 영향을 미치는 인코텀즈(Incoterms)

지금까지 인코텀즈는 '업무범위, 견적'에 영향을 미친다고 알아보았습니다. 마지막으로 인코텀즈는 위험에 대한 책임을 누가 부담할 것인지에 대한 것도 포함됩니다. 예를 들어 EXW로 거래를 진행한다고 한다면, 해당 상품이 '수출지 출고지 ➜ 수출지 항구(공항)'까지 이동 중 파손되거나, 화재를 입었다면 그 피해는 '수입자'가 책임지게 됩니다. 왜냐하면 EXW는 수출자가 상품을 생산해서 공장 앞에 옮겨 두면 업무와 책임이 끝나는 조건이기 때문입니다. 또한 FOB로 거래를 진행한다고 했을 때, '수출지 항구(공항) –〉 수입지 항구(공항)'까지 운송 도중 화물이 파손된다면 그 피해는 '수입자'가 지게 됩니다. 왜냐면 FOB는 수출지 항구(공항)의 선박 혹은 비행기에 화물을 적재하면 수출자의 업무 범위가 종료되기 때문입니다.

지금까지 인코텀즈의 3가지 성격에 대해 알아보셨습니다. 글로 한 번 정리를 하신 뒤 다음 그림을 보면 조금 더 쉽게 이해되실 것입니다. 업무의 범위 = SCOPE / 가격(견적) = COST / 위험에 대한 책임 = RISK 별로 그림이 작성되어 있으니 정리 겸 참고하면 되겠습니다.

INCOTERM	LOADING ON TRUCK (CARRIER)	EXPORT CUSTOMS DUCLARATION	CARRIAGE TO PORT OF EXPORT	UNLOADING OF TRUCK IN PORT OF EXPORT	LOADING CHARGES IN PORT OF EXPORT	FREIGHT TO PORT OF IMPORT	UNLOADING CHARGES IN PORT OF IMPORT	LOADING ON TRUCK N PORT IMPORT	CARRIAGE TO PLACE OF DESTINATION	INSURANCE	IMPORT CUSTOMS CLEARANCE	IMPORT TAXES
EXW	Buyer	Buyer	Buyer	Buyer	Buyer	Buyer	Buyer	Buyer	Buyer	Buyer	Buyer	Buyer
FCA	Seller	Seller	Seller	Buyer	Buyer	Buyer	Buyer	Buyer	Buyer	Buyer	Buyer	Buyer
FAS	Seller	Seller	Seller	Seller	Buyer	Buyer	Buyer	Buyer	Buyer	Buyer	Buyer	Buyer
FOB	Seller	Seller	Seller	Seller	Seller	Buyer	Buyer	Buyer	Buyer	Buyer	Buyer	Buyer
CFR	Seller	Seller	Seller	Seller	Seller	Seller	Buyer	Buyer	Buyer	Buyer	Buyer	Buyer
CIF	Seller	Seller	Seller	Seller	Seller	Seller	Buyer	Buyer	Seller	Seller	Buyer	Buyer
DAT	Seller	Seller	Seller	Seller	Seller	Seller	Seller	Buyer	Seller	Seller	Buyer	Buyer
DAP	Seller	Seller	Seller	Seller	Seller	Seller	Seller	Seller	Seller	Seller	Buyer	Buyer
CPT	Seller	Seller	Seller	Seller	Seller	Seller	Seller	Seller	Seller	Buyer	Buyer	Buyer
CIP	Seller	Seller	Seller	Seller	Seller	Seller	Seller	Seller	Seller	Seller	Buyer	Buyer
DDP	Seller	Seller	Seller	Seller	Seller	Seller	Seller	Seller	Seller	Seller	Seller	Seller

▲ 그림 3-1-11

02

관부가세율을 확인하기 위한 HS-CODE 확인하기

1 _ 관세의 기준이 되는 HS-CODE와 관세율 확인방법

필자로부터 알리바바 교육을 수강하셨던 분들 중 이런 질문을 주셨던 적이 있습니다. "중국에서 들여오는 관세는 10%라던데요?" 해당 질문에 대한 답변을 드리자면 맞을 수도 있고, 아닐 수도 있습니다. 우선 접근이 잘못되었습니다. 결론부터 말씀드리면 상품마다 관세율은 모두 상이합니다. 어떤 상품의 관세는 0%일수도 있고, 8%일수도 있습니다. 물론 질문주신 것처럼 10%일수도 있겠죠. 해당 관세율을 정하는 기준은 상품별 품목분류번호인 'HS-CODE'에 달려있습니다.

HS-CODE의 일반적 정의는 국제통일상품분류체계에 따라 대외 무역거래 상품을 총괄적으로 분류한 '품목분류코드'이며 숫자 최대 10자리까지 사용됩니다. 앞 6자리는 국제 공통으로 사용되는 코드이고, 7자리 이상부터는 각 나라마다 조금씩 상이하다는 특징을 지니고 있습니다.

알리바바닷컴은 기본적 태생이 글로벌로 운영되기 때문에 상품을 해외에 판매하는 수출자가 상품마다의 HS-CODE를 이미 알고 있습니다. 따라서 해당 상품에 대한 관세율을 확인하고자 한다면 메시지 센터에서 수출자로부터 HS-CODE 넘버를 문의하시고 회신 받으시면 되겠습니다.

 수입자(IMPORTER)

Can you tell me HS-CODE?

수출자(EXPORTER)

 The HS-CODE is 6110-20-0000

▲ 그림 3-2-1

해당 HS-CODE 넘버를 전달받은 뒤 관세율을 확인할 수 있는 방법은 두 가지입니다. 먼저 관세청 홈페이지에서 관세율을 직접 확인하는 방법에 대해 알아보겠습니다.

(1) 관세청 홈페이지에서 관세율 확인하기

액션 1 홈페이지 접속 – 세계HS 탭 클릭

포털사이트에서 "관세법령정보포털" 검색 후 클릭하면 다음과 같은 페이지가 열립니다. 해당 사이트에서 검색창 밑에 있는 '세계HS' 탭을 클릭합니다.

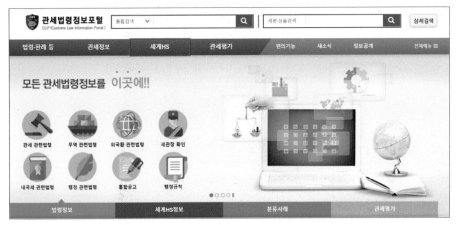

▲ 그림 3-2-2

액션 2 세계HS 탭에서 HS-CODE 입력하기

우측 검색창에 수출자로부터 받은 HS-CODE(품목번호)를 입력합니다. 수출자로부터 받은 HS-CODE 넘버인 '8509-80-9000'를 검색해보겠습니다. 품명에서는 세관에서 바라보는 해당 상품의 정의가 기재됩니다. [그림 3-2-4]에서 보이는 '기본세율'은 우리가 찾고자 하는 관세율입니다. 세율이 8%인 것을 확인할 수 있습니다. 부가세는 내국세로 10%로 고정입니다.

▲ 그림 3-2-3

▲ 그림 3-2-4

우리는 HS-CODE(OOOO-OO-OOOO) 상품을 수입하는데 있어 기본세율 8%를 모두 지불해야 할까요? 그렇지 않습니다. 수출국가와 우리나라가 FTA 협정이 맺어져 있는지를 확인해봐야 합니다. 만약 FTA 협정이 맺어져 있다면, 기본세율이 아니라 관세율이 절감된 'FTA 협정세율'을 적용 받아 관세를 절감할 수 있습니다.

액션 3 FTA 협정세율을 확인하기 위해 '품명' 클릭

FTA 협정세율을 확인하기 위해 [그림 3-2-5]에서 '품명 – 한글 영역(기타)'을 다시 한 번 클릭합니다. 예를 들어, 해당 상품을 중국에서 수입하는 경우, '한-중 FTA 협정세율'을 찾습니다. 확인되는 정보처럼 해당 상품은 'FTA 원산지 증명서(FTA C/O)'라는 것을 취득하게 될 경우 '기본세율'이 아닌 'FTA 협정세율'을 적용 받아 관세를 0%로 합법적으로 절감할 수 있습니다. 'FTA 원산지 증명서'는 수출자로부터 발급받는 것입니다. 발급방법은 CHAPTER 4 – LESSON 02에서 확인할 수 있습니다.

▲ 그림 3-2-5

FCL1	0%	한 · 칠레FTA협정세율(선택1)
FCN1	0%	한 · 중국 FTA협정세율(선택1)
FCO1	0%	한 · 콜롬비아FTA협정세율(선택1)
FEF1	0%	한 · EFTA FTA협정세율(선택1)
FEU1	0% / 0%	한 · EU FTA협정세율(선택1)

▲ 그림 3-2-6

정리하자면 해당 HS-CODE에 따르는 상품을 수입하는데 있어 기본세율은 8%, 수출자로부터 FTA 원산지증명서(FTA C/O)를 받게 되면 관세율은 0%로 적용, 부가세는 10%(고정)이 됩니다.

2 _ 수입에 필요한 규제사항을 확인하는 HS-CODE

모든 상품을 제한없이 수입할 수 있는 것은 아닙니다. 우리나라 세관에서는 HS-CODE마다의 규정을 두고, 특정 인증/검사를 거쳐야만 수입통관을 허가해줍니다. 이를 수입에 필요한 조건이라 하여 '수입요건'이라고 부르는데, 이 또한 관세청 홈페이지에서 확인할 수 있습니다.

액션 1 수입요건을 확인하기 위해 '품명' 클릭

품명 - 한글 영역을 클릭합니다. 이후 하단에서 '수입요건'이라는 영역을 살펴보겠습니다. 수입요건 영역에서 '세관장 확인' 영역을 살펴봅니다. [그림 3-2-7]처럼 아무런 문구가 없을 경우, 해당 상품은 수입하는데 있어 별다른 규제사항이 없는 것입니다. 그러나 [그림 3-2-8]처럼 문구가 기재될 경우, 해당상품을 원활하게 수입하기 위해서는 '개별법'에 대한 이슈를 해결해야 합니다.

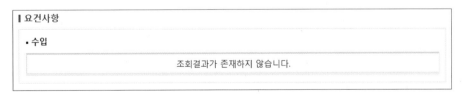

▲ 그림 3-2-7

▪ 수입

세관장확인 ⬚

[방송통신기기인증확인서] [전파법]
[전파법]
. 다음의 것은 국립전파연구원장의 방송통신기자재등의 적합성평가확인서 또는 사전통관확인서, 적합성평가면제확인서(단, 면제확인이 생략된 경우는 제외한다)를 받고 수입할 수 있음
● 주방용 전동기기(전기절육기, 전기고기갈개, 전기국수제조기, 전기칼갈이, 전기깡통따개)
● 전기탈수기 ● 욕조용 전기기포발생기
● 과일껍질깍기, 전동칫솔, 구강세척기
● 어항 및 연못용전기기기(관상어용 기포발생기, 관상어용 전기어항, 전기기포발생기)
● 감자탈피기, 전기정미기, 보풀제거기, 전기빵자르개
● 주방용 전동기기(전기절육기, 전기고기갈개, 전기국수제조기, 전기칼갈이, 전기깡통따개)

[수입식품등 수입신고확인증] [수입식품안전관리 특별법]
[수입식품안전관리 특별법]
. 식품, 식품첨가물, 건강기능식품 또는 축산물에 접촉하는 기구 및 용기·포장은 수입식품안전관리 특별법 제20조에 따라 지방식품의약품안전청장에게 신고하여야 한다.

[전기용품 및 생활용품 요건확인서] [전기용품 및 생활용품 안전관리법]
[전기용품 및 생활용품 안전관리법]
1. 정격전압이 30V초과 1000V이하의 교류전원 또는 42V초과 1000V이하의 직류전원에 사용하는 다음의 안전인증대상전기용품을 수입하고자 하는 자는 안전인증을 받은 전기용품을 수입하여야 하며 당해 전기용품은 안전인증기관의 확인을 받아 수입할 수 있음(다만, 정격입력이 10KW이하인 것에 한함)
● 교류전원을 사용하는 주방용 전동기기(전기절육기, 전기고기갈개, 전기국수제조기, 전기칼갈이, 전기깡통따개 등으로 직류전원에 사용하는 것을 포함)
● 전기탈수기 ● 욕조용 전기기포발생기
2. 정격전압이 30V초과 1000V이하의 교류전원 또는 42V초과, 1000V이하의 직류전원에 사용하는 다음의 안전확인 대상 전기용품을 수입하고자 하는 자는 안전확인신고를 한 전기용품을 수입하여야 하며, 당해 전기용품은 안전확인기관의 확인을 받아 수입할 수 있음(다만, 정격입력이 10KW이하인 것에 한함)
● 과일껍질깍기, 전동칫솔, 구강세척기
● 어항 및 연못용전기기기(관상어용 기포발생기, 관상어용 전기어항, 전기기포발생기)
3. 정격전압이 30V초과 1000V이하의 교류전원 또는 42V초과, 1000V이하의 직류전원에 사용하는 다음의 공급자적합성확인 대상 전기용품을 수입하고자 하는 자는 공급자적합성확인신고를 한 전기용품을 수입하여야 함(다만, 정격입력이 10KW이하인 것에 한함)
● 감자탈피기, 전기정미기, 보풀제거기, 전기빵자르개
4. 정격전압이 42V초과, 1,000V이하의 직류전원에 사용하는 다음의 공급자적합성확인대상 전기용품을 수입하고자 하는 자는 공급자적합성확인을 한 전기용품을 수입하여야 한다.
● 직류전원을 사용하는 주방용 전동기기(전기절육기, 전기고기갈개, 전기국수제조기, 전기칼갈이, 전기깡통따개 등)
5. 정격전압이 30V초과 1000V이하의 교류전원 또는 42V초과 1000V이하의 직류전원에 사용하는 다음의 안전인증대상전기용품을 수입하고자 하는 자는 안전인증을 받은 전기용품을 수입하여야 하며 당해 전기용품은 안전인증기관의 확인을 받아 수입할 수 있음
● 고압세척기(정격입력 3kW 이하인 것에 한정한다)

▲ 그림 3-2-8

알아두기 ▶ 개별법이란?

간단하게 각각 독립적으로 적용되는 법이라고 인지하시면 되겠습니다. 예를 들어, 수입하고자 하는 상품이 '전파법'과 '식물방역법' 2가지 모두 해당되는 경우가 있을 수 있습니다. 이때 내가 '전파법'에 대한 이슈를 해결하더라도 독립적으로 적용되는 '식물방역법'에 대한 이슈가 해결되지 않으면 통관이 불가한 것을 의미합니다. 상품에 따라 개별법이 1가지만 적용될 수도, 다수가 적용될 수도 있으니 수입 전 반드시 확인해야 하겠습니다.

3 _ 관세청 홈페이지보다는 관세사에게 문의를 권하는 이유

관세청 홈페이지에서 '관세율'과 '수입요건'을 간단히 확인할 수 있는 방법이 있음에도 통관 관련 전문직인 '관세사'에게 문의를 권유 드리는 이유는 2가지가 있습니다.

(1) HS-CODE의 불완전성

HS-CODE는 위에서 설명 드린 것처럼 총 10자에서 6자까지는 글로벌로 통용되어 있습니다. 이는 뒤 4자리가 나라마다 조금씩 상이할 수 있음을 의미하는데, 국가마다 상품을 바라보는 관점이 미세하게 다르기 때문입니다. 따라서 아래와 같이 수출자로부터 HS-CODE를 받았음에도 불구하고 검색결과가 노출되지 않을 수 있습니다.

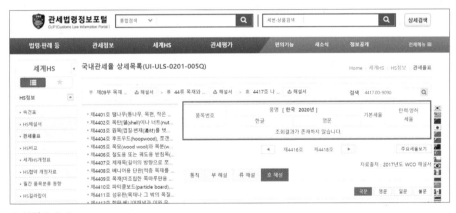

▲ 그림 3-2-9

이럴 경우 관세청 홈페이지에서 관세율을 찾을 수 있는 방법이 아예 없는 것일까요? 그건 아닙니다. 글로벌로 통용되는 HS-CODE 6자리로 검색하시면 됩니다.

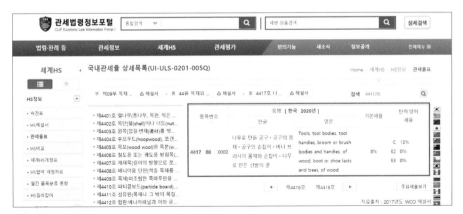

▲ 그림 3-2-10

다만 위와 같이 결과값이 1개만 나오는 경우는 '운이 좋은(?)' 케이스입니다. 왜냐면 아래와 같은 케이스가 나올 수 있기 때문입니다. 수출자로부터 전달받은 HS-CODE가 '6003-10-9090'이라고 가정하겠습니다. 검색 결과 [그림 3-2-11]처럼 조회결과가 나오지 않습니다. 따라서 앞에 6자만으로 검색을 해보겠습니다.

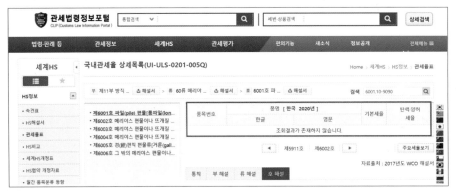

▲ 그림 3-2-11

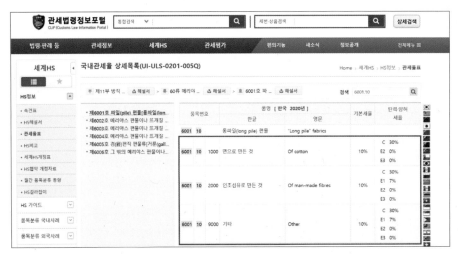

▲ 그림 3-2-12

[그림 3-2-12]처럼 10자리로 이루어진 HS-CODE가 다수가 나오는 결과가 발생하기도 합니다. 내 상품이 한국에서 정확히 어떤 HS-CODE로 규정되는지에 따라 적용되는 관세율과 수입요건이 상이할 것입니다. 따라서 비전문가인 나 스스로 판단하는데 한계점이 발생합니다. 관세율이 달라지면 원가계산이 틀어질 것이며, 수입요건이 생각했던 것과 다르면 수입통관이 불가할 수 있는 상황이 발생합니다. 따라서 홈페이지는 참조 정도로 이용하고, 통관 전문가인 관세사에게 문의하시는 것을 추천드립니다.

(2) 수입요건 해결방법

[그림 3-2-8]처럼 세관장 확인 대상에 '개별법'이 기재된 경우 이를 어떻게 해결해야 할지 당황스러우실 것입니다. 통관 관련 해결하는 정보는 온라인에서 굉장히 제한적이기 때문에, 이를 해결하기 위해 전문가의 상담을 받는 것이 필요합니다. 따라서 관세사에게 문의를 권유 드리는 바입니다. 해당 문제를 해결해주진 않지만, 어떻게 해결해야 하는지 정보를 확인할 수 있는 기관정보 혹은 실마리 정도를 얻을 수 있으실 겁니다. 인증 취득을 대행하시는 경우도 있으나, 비용이 꽤 소요됩니다.

4 _ 관세사 정보를 확인하는 방법

관세사 정보를 확인하는 방법은 크게 2가지가 있습니다. 첫 번째는 간단한 방법으로 네이버와 같은 포털사이트에서 '관세사'를 검색하여 정보를 찾는 것입니다. 그러나 2가지 측면에서 단점이 존재합니다.

(1) 상품별 전문성을 가진 관세사를 탐색하기 어려움

변호사, 의사와 마찬가지로 관세사도 각각의 전문 분야가 있습니다. 상품마다 '수입요건'이 상이하기 때문에 특정 상품은 통관한 이력이 있을 수도 있고 없을 수도 있습니다. 수입통관에 있어 리스크를 제거해야 하는 수입자 입장에서 내 상품을 수입해 본 이력이 있는 관세사를 만나는 것은 무척 중요합니다. 예상되는 위험에 대해 사전 대비할 수 있게끔 조언을 해주기 때문입니다. 따라서 상품별 전문성 있는 관세사를 만나는 것이 상당히 중요한데 아쉽게도 이를 확인할 수 있는 마땅한 수단이 없습니다.

(2) 과도하게 청구될 수 있는 비용의 소지

관세사들이 수입자에게 청구하는 비용은 정보의 불균형이 상당히 심합니다. 동일한 서비스임에도 불구하고 상대가 누구냐에 따라 비용을 상이하게 청구할 수 있는 소지가 있습니다. 사실 정찰제가 아닌 모든 시장에서 마찬가지로 발생하는 행태입니다. 특히 경험이 적은 수입자 입자에서는 관세사가 부르는 가격대로 서비스를 이용할 가능성이 높습니다. 일반적으로 관세사 대행수수료는 다음과 같이 형성되어 있습니다.

비고	CIF 금액	단가	비고
통관대행수수료	1,500만원 이하	30,000원~50,000원	VAT 별도
	1,500만원 초과	CIF 금액×2/1000	VAT 별도
FTA C/O 신고(원산지증명서 적용)	–	무료 ~ 5만원	VAT 별도

※ 이외 세관검사 / KC인증 / 검역대행수수료 등 관세사마다 상이함

> **알아두기** ▶ CIF 금액이란?
>
> 인코텀즈를 학습하면서 CIF금액을 다뤘습니다. 복습 차원에서 다시 말하자면, CIF금액은 '상품원가' + '수출지 출고지 ~ 수입지 항구(공항)까지의 운송비 및 적재하는 부대비용' + '적하보험료'의 합입니다.

따라서 저는 관세사 탐색 시, 추후 이용하실 '포워더'로부터 소개를 받아 진행하는 것을 권유 드립니다. 포워더는 국제물류주선인으로 우리가 샘플거래 이외 타 거래를 진행하게 될 때 협력하게 될 운송 중개인입니다. 해당 직종은 관세사들과 협업을 통해 여러 상품을 수입해 본 이력이 있고, 어떤 관세사들이 어떤 상품을 원활하게 처리하는지 DATA를 보유하고 있습니다. 또한 관세사들과의 수수료를 별도 협의하기 때문에, 수입자가 단독으로 관세사를 상대하는 것 대비하여 저렴한 비용으로 통관을 의뢰할 수 있습니다.

03

관부가세 구하기

수입 실무교육을 진행하면서 가장 아쉬웠던 부분은 '원가 산정'이었습니다. 상품을 구매하는 방법은 곧잘 익혀서 진행을 하는데, 관부가세를 고려한 개당 매입원가를 구하는 것은 '감'으로 진행하시는 경우가 많았습니다. 이번 도서에서는 반드시 감이 아닌 정확한 원가 산정하는 방법을 익히게끔 도와드리고자 합니다.

우선 인코텀즈 DAP(=DDU)조건으로 진행함을 가정하겠습니다.

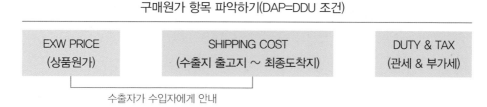

▲ 그림 3-3-1

DAP(=DDU)조건 하에서는 수출자가 수입자에게 상품원가인 'EXW PRICE'와 수출지 출고지에서 최종도착지까지의 물류비인 'SHIPPING COST'를 알려줍니다. 따라서 원가계산 하는데 있어 타 조건 대비 간단합니다. 관부가세 및 통관대행수수료만 산출하여 위 2가지 값에 더하기만 하면 됩니다. 수입자는 수출자로부터 HS-CODE를 전달받아서 '관세사(혹은 관세청 홈페이지)'에서 관세율만 확인하시면 됩니다. 이후 관세율(상품에 따라 상이함), 부가세율(고정, 10%)로 관부가세를 산출하여 더하시면 총 매입원가가 됩니다. 이후 개수를 나눠 주시면 개당 매입원가가 산출되겠죠? 말은 쉽지만 처음 하실 때에는 실수하실 가능성이 높습니다. 본격적으로 관부가세를 고려한 매입원가를 계산하기에 앞서, 관부가세는 어떻게 산출되는지 살펴보도록 하겠습니다. 우선 관부가세 구하는 방법에 대한 이해를 돕도록 아래 예제로 살펴보도록 하겠습니다.

DUTY & TAX
(관세 & 부가세)

관세 및 부가세를 구하는 공식

DDU 가격 X 관세율 = 관세
(DDU 가격 + 관세) X 부가세율 = 부가세

▲ 그림 3-3-2

우선 관세율을 10%로 가정하겠습니다. 관세를 구하는 방법은 수출자가 수입자에게 안내한 DDU PRICE(수입통관을 제외한 총 매입원가)에 관세율인 10%를 곱하는 것입니다. 예를 들어 수출자로부터 확인된 DDU PRICE가 $1,000이라면 관세는 $1,000×10%=$100으로 책정될 것입니다.

부가세를 구하는 방법은 DDU PRICE에 방금 산출된 관세를 더합니다. 이후 부가세율인 10%를 곱하면 됩니다. 부가세 = ($1,000 + $100)×10% = $110이 됩니다. 따라서 해당 상품을 수입하는데 있어 지불해야 하는 관부가세의 합은 $100+$110=$210이 됩니다. 부가세의 경우 선지급하시고 추후 통관이 완료되면 세관에서 자동 발급되는 세금계산서로 인하여 환급 받으실 수 있습니다. 그런데 해당 계산 방식에는 오류가 있습니다. 힌트는 '인코텀즈 범위'와 '관세를 내야 할 범위'입니다.

위에서 계산을 했을 때에는 DDU PRICE에 관세율을 곱했습니다. DDU PRICE에는 '국내 내륙운송료'도 모두 포함이 되어 있겠죠? 곰곰이 생각해보시면 관세는 우리나라에서 발생하는 비용들에 대해서는 청구되면 안된다는 것을 직감하실 수 있습니다. 따라서 DDU PRICE가 아니라 국내에서의 제반 비용들이 제거된 금액에 관세율을 곱하시는 것이 맞습니다. 즉, DDU PRICE가 아니라 CIF PRICE에 관세율을 곱해야 합니다.

구매 원가 항목 파악하기

DUTY & TAX
(관세 & 부가세)

관세 및 부가세를 구하는 공식

CIF 가격 X 관세율 = 관세
(CIF 가격 + 관세) X 부가세율 = 부가세

▲ 그림 3-3-3

예제를 다시 들어 살펴보도록 하겠습니다.

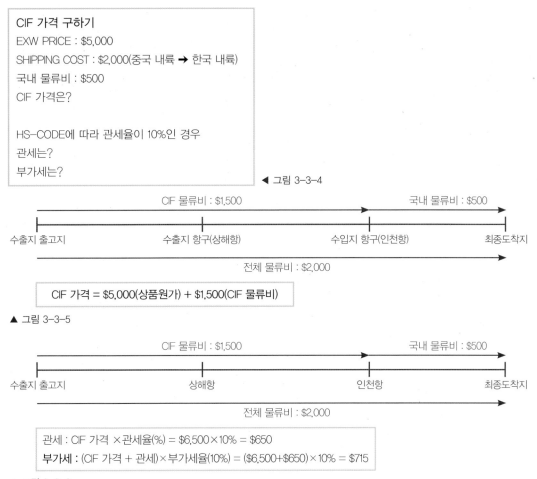

CIF 가격 구하기
EXW PRICE : $5,000
SHIPPING COST : $2,000(중국 내륙 ➔ 한국 내륙)
국내 물류비 : $500
CIF 가격은?

HS-CODE에 따라 관세율이 10%인 경우
관세는?
부가세는?

◀ 그림 3-3-4

CIF 물류비 : $1,500 국내 물류비 : $500

수출지 출고지 　　　수출지 항구(상해항) 　　　수입지 항구(인천항) 　　　최종도착지

전체 물류비 : $2,000

CIF 가격 = $5,000(상품원가) + $1,500(CIF 물류비)

▲ 그림 3-3-5

CIF 물류비 : $1,500 국내 물류비 : $500

수출지 출고지 　　　상해항 　　　인천항 　　　최종도착지

전체 물류비 : $2,000

관세 : CIF 가격 × 관세율(%) = $6,500 × 10% = $650
부가세 : (CIF 가격 + 관세) × 부가세율(10%) = ($6,500 + $650) × 10% = $715

▲ 그림 3-3-6

해당 계산이 이루어지는 원리를 명확히 이해해야만 관부가세가 포함된 개당 매입원가를 산출하실 수 있습니다. 복습 또 복습하셔서 해당 원리를 꼭 이해하시길 바랍니다. 지금부터는 관부가세를 고려한 총 매입원가를 구하는 방법을 살펴보도록 하겠습니다. 답안을 먼저 확인하기 전에 꼭 한 번 직접 풀어보고 보시기를 권유 드립니다.

예제. 관부가세를 고려한 매입원가를 계산하세요.

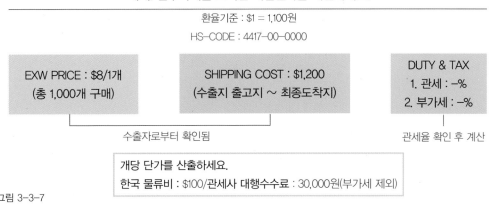

환율기준 : $1 = 1,100원
HS-CODE : 4417-00-0000

EXW PRICE : $8/1개
(총 1,000개 구매)

SHIPPING COST : $1,200
(수출지 출고지 ~ 최종도착지)

DUTY & TAX
1. 관세 : -%
2. 부가세 : -%

수출자로부터 확인됨　　　　　　　　　　　　관세율 확인 후 계산

개당 단가를 산출하세요.
한국 물류비 : $100/관세사 대행수수료 : 30,000원(부가세 제외)

▲ 그림 3-3-7

정답을 살펴보겠습니다.

❶ 상품원가(EXW PRICE): $8 × 1,000개 = $8,000

❷ 총 물류비(SHIPPING COST): $1,200

❸ 관세(DUTY): 관세를 산출하기 전에 관세의 기준이 되는 CIF 금액이 얼마인지 확인해야 합니다. 또한 HS–
  CODE를 바탕으로 관세율을 확인합니다.

  – CIF 금액: $8,000(상품원가) + $1,200(총 물류비) – $100(국내 물류비) = $9,100

  – 관세율: 8%

  – 관세: CIF 금액 × 관세율 = $9,100×8%=$720

❹ 부가세(VAT): 부가세는 CIF 금액과 관세의 합에 10%(부가세율)을 곱합니다.

  – 부가세: (CIF 금액 + 관세) × 10%(부가세율) = ($9,100+$720)×10% = $9,820×10%=$982

❺ 관세사 대행수수료(부가세 포함) = 30,000원(VAT 별도)×10% = 33,000원

  – 통화를 통일하기 위해 원화를 외화로 변환: 33,000원/1,100원=$30

❻ 총 매입원가: ❶~❺까지의 합산 = $10,932

❼ 개당 매입원가: $10,932/1,000개 = $10,932 × 1,100원(환율) = 12,025.2원

▲ 그림 3-3-8

예를 들어, 실제 개당 매입원가가 10,000원인데, 계산 실수로 9,000원이 산출된다면 개당 1,000원 차이가 발생합니다. 이는 원가를 실제보다 적게 잡아 판매하실 때마다 기대했던 것 대비 개당 1,000 원씩 손해를 보시게 되고, 최종적으로 백만원 정도 기대이익이 줄어들 것입니다. 반대로 실제 개당 매입원가가 10,000원인데, 계산 실수로 11,000원이 산출된다면 개당 1,000원 차이가 발생합니다. 이 경우에는 파실 때마다 기대한 수익대비 추가로 1,000원씩 기대이익을 보시게 되실 것입니다. 그러나 애초 상품을 수입 소싱하기 이전에 원가가 비싸다고 판단하여 구매를 포기하실 수도 있습니다. 이렇게 상품 매입원가를 구하는 과정은 굉장히 중요합니다. 본 도서에서는 무역조건(인코텀즈)마다 원가계산을 다룰 예정입니다. 독자는 정확히 내가 정확히 얼마에 상품을 구매하는지 이해하시고 수입하시길 바랍니다.

04

초보자를 위한 샘플 주문 프로세스 학습하기_D조건 활용

샘플 구매 시, 수입무역 프로세스 요약

1단계	수출자 – 수입자간 상품원가, 주문수량 등을 협의
2단계	수출자 – 수입자간 무역조건(Incoterms) 협의 : D조건 협의(DAP/DDU 방식)
3단계	수출자에게 '주소/우편번호/수령인/전화번호' 안내 후 총 물류비 확인
4단계	본품 수입을 대비하여 통관 시, 이슈발생 가능여부 및 관세율 체크
5단계	샘플 매입원가 산출
6단계	결제창 오픈 – 주문하기

지금부터는 본격적으로 수입무역 절차에 대해 살펴보도록 하겠습니다. 우선 샘플 구매 프로세스를 먼저 다루고, 뒤 CHPATER 4에서 실제 물품 주문 프로세스를 학습하겠습니다. 지금부터는 수출자 – 수입자간 커뮤니케이션 예시를 통해 이해를 돕도록 하겠습니다.

액션 1 수출자 – 수입자간 상품원가, 주문수량 등을 협의

수입자: 저희는 한국 무역회사입니다. 품질확인을 하기 위해 샘플을 제공해주실 수 있을까요? 회신 부탁드립니다.

수출자: 네, 가능하죠. 몇 개 필요한가요?

수입자(IMPORTER)

Hi, we are trading company in KOREA.
Can I get some samples for quality
test?
Please reply for me. Thank you

수출자(EXPORTER)

Sure, How many pieces do you need?

▲ 그림 3-4-1

액션 2 상품원가 문의

수입자: 품질 확인을 위해 2개 정도의 샘플이 필요합니다. 상품원가는 어떻게 될까요?

수출자: 1개당 $10입니다.

수입자(IMPORTER)

2 samples for quality test.
How about EXW-PRICE?

수출자(EXPORTER)

$10 PER PIECE

▲ 그림 3-4-2

알아두기 ▶ 샘플을 2개정도 구매하는 이유

샘플을 하나만 구매하게 되었을 때, 불량 등의 이유로 인해 시간을 빼앗기지 않기 위함입니다. 1개를 구매했을 때보단 불량인 가능성이 적습니다. 그러나 샘플은 원칙적으로 1개까지만 허용됩니다. 다만 세관에서도 이런 실무적인 이슈로 인하여 2개까지는 용인해주곤 합니다. 원칙은 1개이니 본인의 판단에 따라 진행하시면 되겠습니다. 사전에 관세사와 협의하시고 진행합니다.

액션 3 수량별 가격 문의

수입자: 수량별 가격은 어떻게 될까요? 예를 들어, 1~10개까지는 $10, 11개~50개까지 $9, 50개 초과 시 $8
와 같은 방식으로 알려주세요.

수출자: 1~10개까지는 $10, 11개~50개까지 $9.7, 50개 초과 시 $9.5입니다.

수입자(IMPORTER)

How about price by quantity? For example,
1-10pcs: $10, 11-50pcs: $9, 50pcs over: $8

수출자(EXPORTER)

1-10: $10, 11-50: $9.7, 50pcs over: $9.5

▲ 그림 3-4-3

상품 원가에 대한 논의를 마치셨나요? 필요에 따라 상품 원가를 협상(Nego) 해봐도 좋습니다. 정해진 것은 없기 때문에 본인의 협상력에 따라 조금 더 저렴하게 구매하실 수 있습니다. 다음 단계로 넘어가겠습니다.

알아두기 ▶ **수량별 가격을 확인하는 이유**

우리는 샘플을 구매하기 위해 무역을 하는 것이 아닙니다. 샘플 품질 확인 후 정식으로 본품을 구매하기 위한 무역을 하는 것이기 때문에 본품 주문 시 상품원가는 어떻게 되는지를 미리 파악해야 합니다. 샘플 구매했을 때보다 본품을 진행할 때, 더 높은 가격을 이야기하는 수출자들도 간혹 있기 때문에 반드시 사전확인이 필요합니다.

액션 4 무역조건 협의:DDU(=DAP)

수입자: 인코텀즈 DDU(=DAP) 조건으로 거래하고 싶습니다.

수출자: 최종도착지의 주소, 우편번호, 핸드폰 번호, 수령인 정보를 알려주세요.

수입자(IMPORTER)

Incoterms: DDU(=DAP)

수출자(EXPORTER)

TELL ME
'ADDRESS/POSTAL CODE(=ZIP CODE)/
PHONE NUMBER/RECEIVER'

▲ 그림 3-4-4

알아두기 ▶ **샘플을 통관하는 방법 2가지**

샘플을 통관하는 방법은 크게 두 가지입니다. 유상샘플로 정식신고(사업자통관)를 거쳐 통관하는 방법이 하나 있고, 목록통관(개인직구) 방식으로 통관하는 방법이 하나 있습니다. 사업의 목적으로 수입 진행 시, 전자의 방법으로 진행하시는 것이 정석적인 방법입니다. 다만 유상샘플로 진행하게 되는 경우, 정식신고 및 수입상품에 대한 관부가세를 모두 지불해야 하고 절차적 불편함이 발생한다는 단점이 있습니다. (납부해야 할 금액이 1만원 이하인 경우 면세됨.) 이에 반하여 목록통관으로 진행 시, FOB 가격 기준으로 $150까지 면세됩니다. 다만 사업의 목적을 갖고 목록통관으로 진행하는 것은 원칙적으로 금지되어 있기 때문에 각별한 주의가 필요하겠습니다.

액션 5 상품을 수령할 정보 안내 및 최종 매입원가 확인

수입자: 제 주소 및 정보는 다음과 같습니다.

      주소: ○○○(영문 주소 안내) / 우편번호: ○○○(주소에 따른 우편번호 안내) / 연락처: ○○○ / 수령인: ○○○

수출자: 잠깐만 기다려주세요. 확인 결과 상품원가($20) + 물류비($25) = 총 $45 지불하시면 됩니다.

수입자(IMPORTER)

ADDRESS: 6, Jong-ro, Jongno-qu, Seoul,
Republic of Korea
POSTAL CODE: 03187
PHONE: 010-XXXX-XXXX
RECEIVER: SELLER-NOTE

수출자(EXPORTER)

WAIT A MINUTE(5~20분 소요)
EXW PRICE($20)+SHIPPING COST($25)
=TOTAL COTS($45)

▲ 그림 3-4-5

알아두기 ▶ 수출자가 잠시 기다리라고 하는 이유

수입자가 수입에 필요한 정보를 수출자에게 전달했더니, 수출자가 잠시 기다려 달라고 합니다. 통상 5분에서 20분 정도 소요됩니다. 상품원가를 물어볼 때만 하더라도 즉각적으로 답변을 해줍니다. 그런데 해당 케이스에서는 왜 기다리라고 했을까요? 바로 '물류비' 때문입니다. 수출자는 제조회사이거나 무역회사입니다. 즉 유통회사이지, 상품을 운송하는 물류회사가 아닙니다. 이들도 수출지 출고지에서부터 한국의 최종도착지까지는 물류비가 얼마나 나올지 판단하기 어렵습니다. 따라서 수출지에 소재한 포워더 혹은 DHL/FEDEX와 같은 특송사로부터 최종도착지까지의 견적을 받아야 합니다. 이때 소요되는 시간이 걸리기 때문에 잠깐 기다리라고 하는 것입니다. 물류비 산출이 완료되면 상품원가와 총 물류비를 합산한 가격을 안내합니다.

액션 6 본품 수입을 대비하여 통관 시, 이슈발생 가능여부 및 관세율 CHECK

샘플 수입 시에는 면제처리가 가능하여 위조품, 마약 등의 통관불가 상품이 아닌 이상 문제가 발생하지 않지만, 해당 상품을 추후 대량으로 주문 시 정식신고(사업자통관)로 진행하게 될 때 KC인증 등으로 인하여 통관이 불가할 수 있습니다. 이럴 경우 수입요건을 충족할 수 있게 필요사항을 갖추던가 반송 혹은 폐기처분해야 하는 경우가 발생하기 때문에 샘플을 구매할 때부터 추후 대량 주문 시 문제가 발생하진 않는지 사전 체크하는 것이 필요합니다. 따라서 수출자로부터 HS-CODE를 확인하여 관세사에게 이를 문의합니다.

수입자: HS-CODE를 알 수 있을까요?
수출자: HS-CODE는 8509-80-9000입니다.

수입자(IMPORTER)

Can you tell me HS-CODE?

수출자(EXPORTER)

The HS-CODE is 8509-80-9000

▲ 그림 3-4-6

액션 7 관세사에게 관세율 및 수입요건 확인

수입자: 중국(국가명)에서 USB 가습기(상품명)를 수입하고자 합니다. 수출자가 HS-CODE는 8509-80-9000
이라고 하는데요. 관세율과 수입요건이 궁금합니다.

관세사: 기본세율: 8%, 한-중 FTA 협정세율: 0%, 수입요건: 전파법 등이 있습니다.

위와 같이 관세사로부터 답변을 받으시면, 샘플 구매 후 '전파법'등 수입요건을 충족시킬 의향이 있
을 경우 샘플 구매를 판단하고, 수입요건이 까다롭고 비용이 많이 나와서 포기할 경우 샘플 구매를
취소하면 되겠습니다. 우선 이슈를 해결할 수 있다고 진행 가정하여 이어 나가겠습니다.

수입자(IMPORTER)

중국(국가명)에서 USB 가습기(상품명)를 수입하고자 합
니다. 수출자가 HS-CODE는 8509-80-9000이라고 하
는데요. 관세율과 수입요건이 궁금합니다.

관세사(CUSTOMS BROKER)

기본세율: 8%, 한-중 FTA 협정세율: 0%, 수입요
건: 전파법 등이 있습니다. 진행하시면 됩니다.

▲ 그림 3-4-7

액션 8 샘플 매입원가 산출

조건: 개당 매입원가 계산(관부가세 포함), 물류는 DHL, FEDEX와 같은 특송 서비스 이용

샘플 매입원가를 산출하기 위해 지금까지 확인된 비용들을 정리해보겠습니다.

상품원가: $20
총 물류비: $25
관세: CIF 금액×8%(관세율)
부가세: (CIF 금액 + 관세)×10%(부가세율)

관부가세를 산출해야 합니다. 여기서 어떤 운송수단에 따라 선적되는지에 따라 관세와 부가세가 달라지게 됩니다. 통상적으로 샘플을 구매하실 경우에는 화물의 양이 적기 때문에 'DHL/FEDEX/SF EXPRESS'와 같은 특송사를 통해 국제택배로 받게 되실 것입니다. 다만 해당 특송사들은 물류비를 '수출지 출고지 ~ 최종도착지(DOOR TO DOOR)'까지로 사전에 정해 놓았기 때문에 국내에서 발생하는 물류비를 따로 분리하여 계산할 수가 없습니다. 따라서 특송 서비스를 이용하여 상품을 받아 보시게 될 때에는 특수 케이스로 관세는 'CIF 금액×관세율'이 아니라, 'DDU 금액×관세율'로 산정됩니다.

따라서 관부가세는 다음과 같이 결정됩니다.

관세: DDU 금액×8%(관세율)
관세: $45×8% = $3.6
부가세: ($45+$3.6)×10% = $4.86

위 케이스에서는 관세와 부가세의 합이 10,000원이 되지 않았기 때문에 관부가세가 별도 청구되지 않습니다. 따라서 관부가세는 0이 됩니다.

액션 9 결제창 오픈 – 주문하기

검토를 마치셨다면 수출자에게 논의된 대로 결제창을 만들어 달라고 요청하시면 됩니다. 알리바바닷컴으로부터 온라인 주문에 대한 보증을 받고자 하신다면 반드시 '거래 확약 주문(Trade assurance payment)'으로 진행해야 합니다.

수입자: 거래확약 주문 창을 생성해주세요.
수출자: 네, 곧 생성하겠습니다.

수입자(IMPORTER)

Please make invoice by trade assurance payment

수출자(EXPORTER)

Ok, I will make

▲ 그림 3-4-8

이후 수출자가 결제창을 생성 완료하게 될 경우, 결제하라는 이메일이 발송되고 클릭하면 자동으로 알리바바 결제창 페이지로 이동됩니다. 혹은 알리바바닷컴 페이지 우상단 [주문]을 클릭하시면 주문해야 할 내역을 확인하신 뒤 '결제하기'를 누르시면 됩니다.

예시를 바꿔, 인코텀즈 DAP(=DDU) 조건으로 USB 가습기 샘플을 1개 구매해보겠습니다. 상품원가는 $3.5이고, 물류비는 $21입니다. 수출자에게 총 $24.5를 지불해야 합니다.

▲ 그림 3-4-9

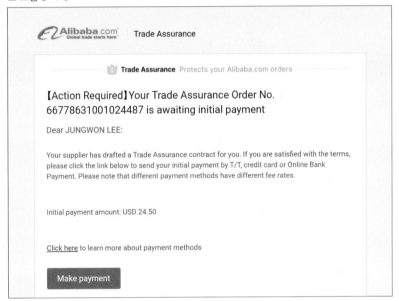

▲ 그림 3-4-10

▲ 그림 3-4-11

'이메일을 통한 결제하기(Make payment)' 버튼 클릭 혹은 주문창에서 '결제하기' 버튼을 클릭하시면 다음과 같은 페이지로 이동하게 됩니다. 해당 페이지에서 한국 수입자가 결제할 수 있는 방법은 총 2가지입니다.

1 _ 신용 혹은 체크카드 결제(Credit or Debit card)

알리바바닷컴의 장점은 카드에 'VISA/MASTER' 로고가 기재되어 있을 경우, 신용 혹은 체크카드 결제가 가능하다는 점입니다.

❶ Card number: 카드 번호 16자리를 입력합니다.

❷ Cardholder Name: 이름 / 성을 각각 입력합니다.

❸ Expiration Date / Security code: 카드 유효일 / 카드 뒷자리 CVC 번호를 각각 입력합니다.

❹ Billing address / ZIP CODE: 카드 청구주소 / 우편번호를 각각 입력합니다.

❺ Country / Region / City / Town: 국가 / 지역명을 각각 입력합니다.

❻ Save this card for next payment and accept the Alibaba Privacy Policy: 체크합니다.

위 정보를 모두 입력하고 오른쪽 'Pay now' 버튼을 클릭하시면 카드결제가 완료됩니다. 이후 기다리고 계시면 수출자가 상품을 준비하고 발송합니다.

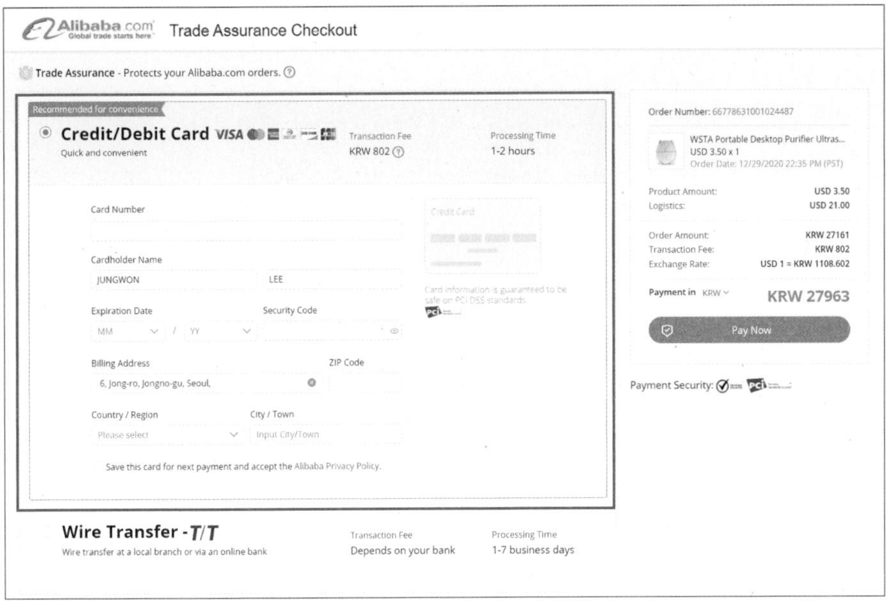

▲ 그림 3-5-1

카드 결제 시, 주문한 금액의 2.95%가 수수료로 붙습니다. 수수료는 알리바바 정책에 따라 변동되니 출판시기(2021년 1월)의 수수료율과 실제 알리바바를 이용하는 수수료율의 차이가 있을 수 있습니다.

출판시점의 수수료 2.95%로 가정하면 1억원을 구매하시면 2.95%인 295만원이 수수료로 붙게 됩니다.

그러나 다행이도 신용카드 수수료에는 $40이라는 상한액이 존재합니다. 원칙상으로는 1억을 구매하시면 295만원 수수료가 붙어야 하지만 $40만 지불하시면 됩니다. 그러나 카드 결제의 단점은 큰 금액을 결제할 때 카드사로부터 거절처리가 된다는 것입니다. 카드사로부터 한도를 조정해야 합니다.

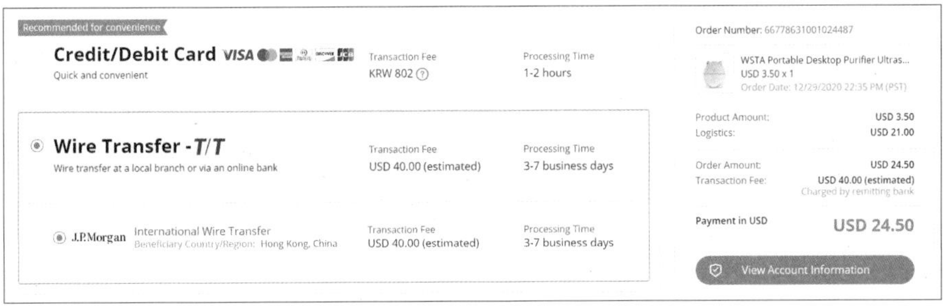

▲ 그림 3-5-2

2 _ 외화 이체 결제(T/T)

T/T 결제는 카드 결제와 달리 외화를 이체하는 거래이기 때문에 즉각적인 결제처리는 불가합니다. 따라서 버튼이 Pay now가 아니라 상대의 계좌를 확인할 수 있는 'View account information'으로 바뀌게 됩니다. 버튼을 클릭해보겠습니다. 'Beneficiary account number'는 수출자의 계좌 정보이고, 'Beneficiary bank'는 입금해야 할 은행 정보입니다. 이전에는 City bank로 지정되어 있었는데 현재는 J.P Morgan으로 변경되었습니다. 알리바바 정책에 따라 변동되니 융통적으로 대응하시면 되겠습니다. 여기서 주목해야 할 점은 Remark입니다. 알리바바 측에서는 누가 해당 계좌로 입금했는지를 파악하기 위해 '근거 자료'가 있어야만 합니다. 그래서 입금 시 '보내는 사람 표시'와 같은 곳에 해당 주문번호를 입력하게 장치를 해 놓았습니다. 따라서 입금하실 때 해당 주문번호를 꼭 입력해 주셔야 합니다.

일반적으로 'T/T 거래' 시에는 큰 단위로 거래를 진행하시기 때문에 즉시 송금을 하기 보다는 은행을 방문하여 은행원으로부터 대금 결제를 하는 것을 권유 드립니다. 우상단에 'Download' 버튼을 클릭하시면 해당 내역서를 다운로드하여 출력하실 수 있습니다. 해당 출력본과 'Proforma invoice'라는 것을 수출자로부터 수령하셔서 은행에 제출하시면 외화를 이체하실 수 있습니다.

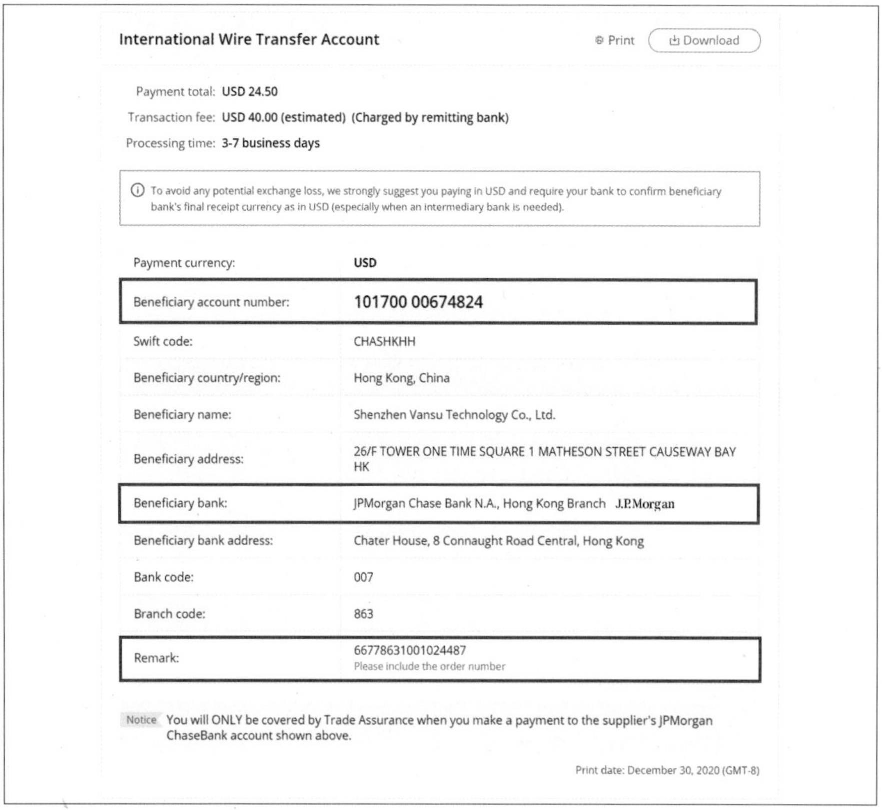

▲ 그림 3-5-3

알리바바닷컴의 장점 중 하나는 외화이체 결제에 대해서도 보증처리가 된다는 점입니다. 단, 반드시 거래확약 거래인 Trade assurance payment 방식으로 결제해야 합니다. 거래확약 거래가 아닌 수출자로부터 별도의 계좌번호를 받아 주문을 한 경우, 보증을 받지 못하는 상황이 발생할 수 있습니다. 반드시 거래확약 거래로 진행하시길 바랍니다.

알아두기	▶ Proforma invoice란?

수출자와 수입자간 주고받는 '사전 거래명세서'입니다. 확정 거래명세서는 아니고 상호 간 계약거래액이 맞는지를 체크하는 참조자료 정도로 이해하시면 되겠습니다. 은행에 이체하실 때에는 은행 측에서 Proforma invoice를 확인하고 외화 이체를 수락해 줍니다. 함부로 외화가 해외로 반출됨을 방지하기 위한 정책입니다. 따라서 본 서류를 수출자로부터 받으셔서 동봉하여 제출하시면 되겠습니다.

외화 이체 시, 주문한 금액에 상관없이 약 $40가 수수료로 붙습니다. 수수료는 보내는 은행마다 약간씩 상이합니다. 예를 들어 1억 원을 구매하시나 10만원어치를 구매하시나 $40만 수수료로 붙는 것입니다. 외화 이체의 단점은 보낼 때 은행을 방문해야 하는 번거로움과 수출자가 결제를 확인하기까지 카드 대비 수령확인까지 일정 시간이 소요된다는 점입니다. 대금을 확인하고 화물을 준비하기 때문에 약간의 delay가 있을 수 있습니다. 우리가 샘플 거래 시, 원가를 계산하였을 때 간과한 부분이 있었죠. 바로 카드 수수료 혹은 외화 이체 수수료입니다. 이를 고려한 원가 계산을 다시금 해보도록 하겠습니다. 신용카드(수수료: 2.95%)로 결제함을 가정하겠습니다.

- 조건: 신용카드 결제를 고려한 개당 매입원가 계산, 물류는 DHL, FEDEX와 같은 특송 서비스 이용
- 상품원가: $20
- 총 물류비: $25
- 카드 수수료: 알리바바에서 결제한 총 금액 = ($20+25)×2.95%=약 $1.33
- 관부가세: 'CIF 금액×8%(관세율)', 그러나 소량화물로 특송 진행하기 때문에 'DDU 금액×8%(관세율)'로 계산
- 관세: $45×8% = $3.6
- 부가세: ($45+$3.5)×10% = $4.86

위 케이스에서는 관부가세의 합이 10,000원이 되지 않았기 때문에 관부가세가 별도 청구되지 않습니다. 따라서 관부가세는 0이 됩니다.

04

초보자를 위한
본품 수입 프로세스

샘플 거래 진행 완료 후 본격적으로 상품을 대량 매입하는 사례에 대해 다룰 것입니다. 간단하게 구매할 수 있는 D조건으로 무역조건을 설정하여 거래하는 방법을 다루며, 수입통관 시 주의해야 할 사항과 원산지증명을 통한 관세혜택을 받는 방법을 안내합니다.

01

초보자를 위한 본품 주문 프로세스 학습하기_D조건 활용

본품 구매 시, 수입무역 프로세스 요약

1단계	수출자 – 수입자간 상품원가, 주문수량 등을 협의
2단계	무역조건 협의: D조건 협의(DAP/DDU 방식)
3단계	수출자에게 '주소/우편번호/수령인/전화번호' 안내 후 총 물류비 확인
4단계	통관 이슈 해결
5단계	원산지 증명서 처리 요청
6단계	원산지 라벨 처리 요청
7단계	관부가세를 고려한 최종 매입원가 산출
8단계	결제창 오픈 – 주문하기
9단계	수입통관 처리를 위한 서류구비 및 전달

액션 1 수출자 – 수입자간 상품원가, 주문수량 등을 협의

수입자: 1,000개 구매했을 때, 상품원가는 어떻게 되나요?

수출자: 개당 $8입니다.

수입자(IMPORTER)

What is the EXW-PRICE of the product
When I order 1,000 units?

수출자(EXPORTER)

$8 PER PIECES

▲ 그림 4-1-1

액션 2 무역조건 협의: D조건 협의(DAP/DDU 방식)

수입자: 인코텀즈 DDU로 진행하겠습니다.

수출자: 주소/우편번호/전화번호/수령인 정보를 부탁드립니다.

수출자는 수입자에게 다시금 '주소/우편번호/전화번호/수령인 정보'를 문의합니다. 샘플을 받는 정보와 대량주문 받는 정보가 상이할 수 있기 때문에 RE-CHECK하는 편입니다. 혹시 수출자가 '샘플 받은 정보 그대로 보내주면 될까'라고 묻는다면 아래 내용을 꼭 체크해야 합니다.

❶ 주소: 최초로 상품을 정식신고(사업자통관)을 진행하실 때에는 수출서류에 기재되는 주소는 '사업자등록증'에 기재된 영문주소여야 합니다. 운이 좋으면 그냥 넘어가겠지만 세관에서 적발 시, 서류를 정정하라고 하기 때문에 사전에 준비하시길 바랍니다. 최초가 아닌 이후 거래라면 타 주소를 안내해도 무방합니다.

❷ 수령인: 사업자 통관으로 진행할 것이기 때문에, 개인이름이 기입되면 안 됩니다. 수령인을 회사 영문명으로 안내해야 합니다.

수입자(IMPORTER)

Incoterms: DDU(=DAP)

수출자(EXPORTER)

TELL ME
'ADDRESS/POSTAL CODE(=ZIP CODE)/
PHONE NUMBER/RECEIVER'

▲ 그림 4-1-2

액션 3 수령인 정보 안내 및 원가 확인

수입자: 제 주소 및 정보는 다음과 같습니다.

　　－ 주소: OOO(사업자 영문주소 안내) / 우편번호: OOO(주소에 따른 우편번호 안내) / 연락처: OOO / 수령인: OOO(회사명 안내)

수출자: 잠깐만 기다려주세요, 확인 결과 상품원가($8,000)+ 물류비($1,000) = 총 $9,000 지불하시면 됩니다.

수입자(IMPORTER)

ADDRESS: 6, Jong-ro, Jongno-gu, Seoul,
Republic of Korea
POSTAL CODE: 03187
PHONE: 010-XXXX-XXXX
RECEIVER: SELLER-NOTE

수출자(EXPORTER)

WAIT A MINUTE(5~20분 소요)
EXW PRICE($8,000)+SHIPPING COST($1,000)
=TOTAL COST($9,000)

▲ 그림 4-1-3

액션 4 통관 이슈 검토 및 해결

상품에 대한 원가와 물류비가 확인되었으면, 최종적으로 통관이슈를 확인해야 합니다. HS-CODE
를 바탕으로 관세사로부터 확인된 '수입요건'에 대해 해결해야 합니다. 샘플의 경우 면제처리 가능하지
만, 본품의 경우 구비사항을 모두 갖추셔야 통관되기 때문에 철저하게 준비하셔야 합니다. 수입요건에
대해서는 CASE가 다양하기 때문에 개별법에 따라 관세사로부터 해결방법을 문의하여 처리합니다. 만
약 수입요건이 없는 상품이라면 '액션 5, 액션 6'만 검토하시고 수입을 진행하시면 되겠습니다.

02

관세혜택을 위한 FTA 원산지 증명서 서류발급 요청

액션 5 관세혜택을 위한 FTA 원산지 증명서 요청

(1) 원산지 증명서 발급방법

앞서 언급한 것처럼 국가별 FTA 협정을 적극 활용하시면 관세를 합법적으로 절감하여 수입하실 수 있습니다. 이를 적용 받기 위해서는 FTA C/O라는 것이 필요한데, 해당 서류는 수출자가 발급합니다. 아래와 같이 수출자에게 증명서를 요청하시면 되겠습니다.

 수입자(IMPORTER)

Please issue FTA C/O

 수출자(EXPORTER)

OK, I will

▲ 그림 4-2-1

(2) 원산지 증명서 발행 시 주의사항

C/O는 Certificated of origin의 약자입니다. 말 그대로 원산지의 증명이라는 뜻을 지니고 있습니다. 수출자에게 해당 서류를 요구하면 되는데 주의해야 할 사항이 있습니다. C/O는 Original C/O 와 FTA C/O 2가지 종류가 있습니다. 우리는 FTA 협정세율을 적용 받고자 함이므로 [그림 4-2-2] 와 같은 Original C/O가 아닌 [그림 4-2-3]과 같은 FTA C/O를 요청해야 합니다. Original C/O

와 다르게 FTA C/O에는 'FTA'라는 표시가 명기되어 있습니다. 해당 표기가 명시되어 있는 서류만이 FTA 협정세율을 적용 받을 수 있다는 점을 꼭 인지하시길 바랍니다. 수출자에게 애초에 FTA C/O를 달라고 못 박아 문의하시는 것이 좋습니다.

그런데 [그림 4-2-3]을 보시면 서류 같지는 않고 한글/워드 파일 같지 않나요? 네, 맞습니다. 원산지증명서의 경우 수출자도 수출지에 소재한 특정 기관에 발급을 요청해야 합니다. 발급을 요청했는데 수정해야 된다면 서로 피곤하겠죠. 따라서 실제 증명서류를 발급받기 전에 초안 서류를 먼저 파일로 보내줍니다. 해당 서류를 수입자로부터 컨펌 받으면 그때 신청발급을 처리하게 됩니다. 해당 서류를 받고 나신 뒤 확인해야 할 부분은 [그림 4-2-3]에 기재된 3번 Consignee 정보입니다. Consignee란 수입자를 의미합니다. '상호명 / 국가 / 주소'가 정확히 기재되어 있는지 체크하시고 수출자에게 컨펌해주시면 됩니다. 1번/2번의 경우 수출자 정보이기에 수입자가 신경 쓰실 필요가 없습니다. 4번의 경우, 출항일/출도착지 항구&공항명이 기재가 되는데 아직 정확한 스케줄을 알 수 없기 때문에 공란으로 기재될 것입니다. 사실 원산지 증명서 서류는 신청한다고 바로 나오는 것이 아니라, 상품이 배나 비행기에 선적 완료되고 B/L, AIRWAYBILL이라는 서류가 발급된 이후 신청이 가능합니다. 해당 서류에 대해서는 CHAPTER 7에서 자세히 다뤄보도록 하겠습니다. 따라서 우선 발급가능여부를 확인하시고, 초안서류를 받아 수출자에게 컨펌만 진행해주시면 되겠습니다. 화물이 선적된 이후 수출자로부터 FTA C/O 서류를 수령하시고 나면 해당 서류를 관세사에게 전달해주시면 됩니다.

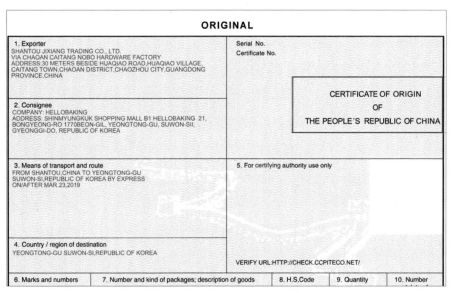

ORIGINAL

1. Exporter SHANTOU JIXIANG TRADING CO., LTD. VIA CHAOAN CAITANG NOBO HARDWARE FACTORY ADDRESS:30 METERS BESIDE HUAQIAO ROAD,HUAQIAO VILLAGE, CAITANG TOWN,CHAOAN DISTRICT,CHAOZHOU CITY,GUANGDONG PROVINCE,CHINA	Serial No. Certificate No.
2. Consignee COMPANY: HELLOBAKING ADDRESS: SHINMYUNGKUK SHOPPING MALL B1 HELLOBAKING 21, BONGYEONG-RO 1770BEON-GIL, YEONGTONG-GU, SUWON-SII, GYEONGGI-DO, REPUBLIC OF KOREA	CERTIFICATE OF ORIGIN OF THE PEOPLE'S REPUBLIC OF CHINA
3. Means of transport and route FROM SHANTOU,CHINA TO YEONGTONG-GU SUWON-SI,REPUBLIC OF KOREA BY EXPRESS ON/AFTER MAR.23,2019	5. For certifying authority use only
4. Country / region of destination YEONGTONG-GU SUWON-SI,REPUBLIC OF KOREA	VERIFY URL:HTTP://CHECK.CCPITECO.NET/

6. Marks and numbers	7. Number and kind of packages; description of goods	8. H.S.Code	9. Quantity	10. Number

▲ 그림 4-2-2

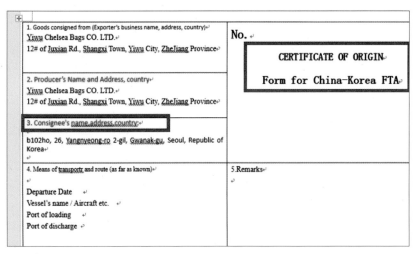

▲ 그림 4-2-3

발급이 완료되면 다음과 같이 증명서류를 확인하실 수 있습니다. 여기서 마지막 주의하실 사항은 [그림 4-2-5]처럼 원산지증명서 서류 하단 좌우측에 기관으로부터 도장이 날인되어야 한다는 점입니다. 해당 날인이 없을 경우 원산지증명서는 효력이 없습니다.

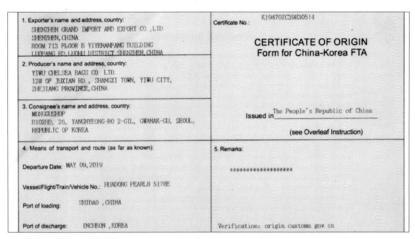

▲ 그림 4-2-4

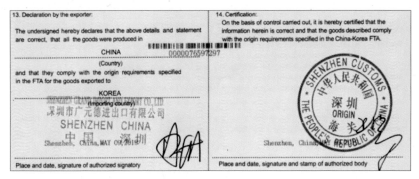

▲ 그림 4-2-5

(3) 원산지증명서 서류 수령방법

FTA C/O 서류가 발급 완료되면 수출자는 수입자에게 실물 증명서를 우편으로 보낼지 복사본 형태로 파일로 전달할지 물을 것입니다. 결론부터 말씀드리면 복사본 형태로도 충분합니다. 2가지 이유에서 복사본이 좋은데, 첫째는 위에서 말씀드린 사항만 잘 갖추면 세관에서 복사본이라도 인정을 해주기 때문입니다. 둘째는 불필요한 추가비용이 나올 수 있는 소지를 줄입니다. 말씀드린 것처럼 실제 선적이 되어야 원산지 증명서 서류가 발급됩니다. 알리바바닷컴에서 구매하시게 될 경우에는 대부분 중국 항구(공항)에서 한국으로 출항하는데 평균 2일이면 한국에 도착합니다. 한국에 화물이 도착해서 한-중 FTA 협정세율을 적용 받기 위해 수입신고를 해야 하는데, 실물 서류가 도착하지 않는다면 하염없이 기다리기만 해야 하겠죠. 기다리는 동안 화물이 보관된 터미널 혹은 창고에서 대기료가 계속해서 발생할 것입니다.

물론 FTA C/O는 선통관 후 사후적용도 가능합니다. 그러나 사전적용은 관세사들이 비용을 따로 받지 않는 경우가 많지만, 사후적용은 비용을 별도 청구하는 케이스가 많기에 불필요한 비용을 줄이기 위해서라도 복사본으로 처리하는 것을 추천합니다. 다만 주의하실 것은 실물이든, 복사본이든 해당 서류를 메일 보관 혹은 별도 파일로 저장하는 것을 권유 드립니다. 이제 막 시작한 사업자의 경우 해당될 일이 없겠지만, 불시에 세관에서 사후 검사가 있을 수 있습니다. 해당 상품이 FTA 협정세율을 적용 받는 것이 타당한지에 대한 조사입니다. 만약 서류를 구비하지 않고 있으면 기존 혜택을 받았던 관세를 모두 환수 당할 수 있습니다. 따라서 처리 후의 서류들은 별도 파일 혹은 실물로 보관하는 것을 권유 드립니다.

(4) 원산서증명서 발급 비용

FTA C/O 서류를 발급받는데 통상적으로 수출자에게 $25~$40 정도를 지불합니다. 따라서 내가 FTA C/O를 통해 얻을 수 있는 관세혜택과 발급에 따른 비용 중 어떤 것이 내게 이익인지 잘 따져봐야 합니다. 예를 들어 원산지증명서 발급을 통해 $10만큼의 관세혜택을 받았고, 발급비용이 $40 나왔다면, 결국 $30 손해 보게 됩니다.

CIF 금액: $300

기본 관세율: 10%

FTA 관세율: 0%

FTA C/O 발급비용: $40

– 기본세율 적용 시: $300×10%=$30 관세 지불

– FTA 협정세율 적용 시: 30만원×0% =0원(관세)이 되어 $30 관세 혜택

해당 케이스에서는 $30의 관세 혜택을 보았지만, 발급비용 $40이 청구되므로 손해를 보게 됩니다.

 자주하는 질문

Q. FTA C/O는 한 번 발급받으면 영속적으로 활용할 수 있나요?

결론부터 말씀드리면 아닙니다. FTA C/O 서류는 서류에 기재된 출항일에 한하여 적용됩니다. FTA협정세율을 적용 받고 싶다면 매번 수출자에게 해당 서류를 요청해 합니다. 따라서 다음에는 대량 주문을 할 것이니까 미리 받겠다는 접근은 잘못됨을 안내 드립니다.

자주하는 질문

Q. 수출자가 원산지 증명서를 발행할 수 없다고 하는데요. 처리할 방법이 있을까요?

가능합니다. 이용하시면 포워딩 회사에게 대행의뢰 하시면 됩니다. 포워딩 회사의 역량에 따라 가능할 수도 불가능할 수도 있습니다.

03

원활한 수입통관을 위한 원산지 라벨 부착 요청

액션 6 MADE IN ○○○(국가명) 라벨 부착

거의 다 왔습니다. 마지막 [액션 6] 단계만 해결하시면 사업자통관을 통한 대량 주문을 문제없이 수입하실 수 있습니다. 1~5단계까지는 몇 차례 진행하시다 보면 거의 기계적으로 수출자와 대화를 주고받게 될 것입니다. 변수가 발생하는 지점이 바로 '원산지 라벨'입니다. 수입자들을 조금 귀찮게 하는 요소입니다. 자세히 알아보겠습니다. 원산지 라벨은 말 그대로 'MADE IN OOO(국가명)'을 의미합니다. 해당 원산지가 표시된 라벨을 현품 그 자체에 부착하는 것이 원칙입니다. 그러나 원칙이 있으면 예외 규정도 있겠죠? 각각 살펴보겠습니다.

(1) 반드시 원칙을 지켜야 하는 상품군: '섬유, 직물류' 상품

가장 많이 수입되는 상품은 아마 '의류'가 아닐까 싶습니다. 의류는 위에서 언급한 '섬유/직물류'에 속하는 상품이기 때문에 상품 그 자체에 부착해야 합니다. 즉, 포장지에 MADE IN CHINA 스티커 처리로 수입하는 것이 원칙적으로 금지되어 있고 예외가 없습니다.

▲ 그림 4-3-1

[그림 4-3-1]처럼 상품 자체에 원산지 TAG를 부착하거나, 생산 시 제품에 로고를 프린팅 처리하는 방법이 있습니다. 원칙을 지켜야 하는 상품의 경우, 원산지 라벨을 처리하지 않고 수입신고를 진행하면 세관으로부터 적발되면 '보수작업' 처리 명령이 떨어집니다. 처음에는 벌금없이 경고로 넘어갑니다. 경고로 넘어갔다고 해서 통관이 된다는 것은 아닙니다. 항구(공항) 근처에 있는 보수작업 업체로부터 원산지 라벨 처리를 요청하셔서 작업을 완료 후에 재신고를 거쳐 심사를 받아야 합니다. 해당 보수작업 업체의 인건비가 하루 8시간 기준 1인 8만원가량 되기 때문에 적은 수량을 구매하실 때 보수작업료가 상품가액보다 큰 경우들도 발생합니다. 필히 수출자에게 한국 규정에 맞게 처리를 요청해야 하겠습니다.

(2) 예외가 허용되는 상품군

원칙이 있으면 예외도 존재합니다. 이미 생산이 완료된 공산품의 경우, 의류처럼 'MADE IN OOO' 원산지 라벨을 상품에 박음질하는 것이 어려울 것입니다. 생산의뢰 하는 경우도 있지만, 재고상품을 주문하는 경우도 있을 것입니다. 재고상품인데 원산지 라벨을 부착하기 어려운 경우 개별 상품을 포장한 뒤, 포장에 'MADE IN OOO' 원산지 라벨을 처리하여 수입하는 경우 세관에서 예외로 인정해줍니다. (단, 원칙을 지켜야 하는 '섬유, 직물류' 상품은 재고상품도 해당 방식 적용이 불가합니다.) 해당 제도는 상품을 수령하는 최종소비자가 원산지를 정확히 인지하기 위함입니다. 따라서 개별 포장한 이후 그 포장 온전히 최종소비자에게 판매된다면 원산지를 소비자가 인지 및 식별할 수 있기에 예외적으로 처리를 용인해주는 것입니다.

▲ 그림 4-3-2

▲ 그림 4-3-3

(3) 정확한 부착방식 문의는 관세사에게 확인

업무를 가장 효율적으로, 최단시간 내 끝내는 방법은 수입통관 전문 '관세사'를 잘 활용하는 것입니다. 내 판단대로 원산지 라벨 처리 가부를 정하는 것이 아니라, 실무적으로 업무를 처리하는 관세사에게 통관 자문을 구하는 것이 가장 현명합니다. 수출자에게 원산지 라벨 부착된 상품 사진을 요청하시고, 이를 관세사에게 바로 전달하여 컨펌을 받는 것이 가장 좋은 방법입니다.

(4) 수출자가 원산지 라벨 처리를 거절한다면?

원산지 라벨은 사실 생산단계에서 함께 처리되어야 하는 과정입니다. 만약 생산이 들어가는 대량주문이라면 요청을 들어주지 않을 이유는 없습니다. 그러나 최소주문수량(MOQ)를 채우지 못할 경우, 수출자는 이미 생산이 완료되어 있는 재고상품을 수입자에게 판매할 가능성이 높습니다. 재고상품의 경우, 원산지 라벨 처리가 한국에 최적화되게 되어 있지 않을 확률이 높아 그대로 수입하게 될 경우 수입통관 과정에서 문제를 일으킬 가능성이 있습니다. 물론 최소주문수량(MOQ)를 채우지 않더라도 수출자를 어떻게 설득하느냐에 따라 원산지 라벨을 요청하여 수락될 수도 있는데 만약 거절한다면 아래 방법으로 진행이 가능합니다.

방법 1. 원산지 라벨 작업 없이 수입, 수입통관 신고 전 보수작업 진행

화물이 한국에 도착하게 되면 화물은 보세상태가 됩니다. 보세상태란 수입통관 전의 상태를 의미합니다. 이후 수입자가 관세사에게 요청하여 수입신고를 요청하면 그때 관세사가 세관에 수입신고를 진행하여 통관을 처리합니다. 다르게 해석하면 관세사가 수입신고를 하지 않으면 통관 처리가 진행되지 않고, 보세상태로 보관됨을 의미합니다. 이때 관세사에게 항구(공항) 근처에 위치한 보수작업 업체(수입통관을 위해 원산지 라벨 부착 등을 대행하는 업체)를 소개해달라고 요청하시면 됩니다. 이를 전문적인 용어로는 '사전보수작업'이라고 합니다.

방법 2. 관세사와 협의 후 직접 화물이 보관된 창고로 방문하여 원산지 라벨을 처리하는 방법

비용의 경우, 보수작업 업체에 의뢰한다면 인력 1인이 하루 8시간 보수작업 하는데 있어 8만원 정도의 비용이 소요됩니다. 다만 내 화물이 실제 작업을 하기 전까지 얼마만큼의 시간이 소요되는지 예측하기 어려워 첫 진행 시 단가산정에 애를 먹을 수 있습니다.

(5) 원산지 라벨 관련 노하우

만약 수출자가 원산지 라벨 처리를 거부하여 위에서 설명한 방법 1대로 진행해야 할 때, 비용이 많이 나올까봐 걱정이시라면 이 부분도 함께 검토해보면 좋을 것 같습니다. [그림 4-3-3]의 경우, 상품을 개별 포장하게 되어 부피를 크게 차지하게 됩니다. 뒤 챕터에서 다시 한 번 설명 드리겠지만 수입 물류비는 화물의 '부피/중량'에 따라 산정됩니다. 즉 수출지에서 상품을 개별포장해서 수입하게 된다면 막대한 물류비를 지출할 수도 있다는 것입니다. 오히려 [그림 4-3-2]처럼 원산지 라벨 처리없이 벌크로 수입하게 된다면 보수작업료는 추가되겠지만, 국제물류비를 상당히 절약할 수 있습니다. 꼭 한국에서 라벨을 처리하는 것이 비효율적인 것만은 아닙니다.

04

정식 신고(사업자통관) 시, 관부가세를 고려한 개당 매입원가 산출하기

예제. 관부가세를 고려한 매입원가를 계산하세요.

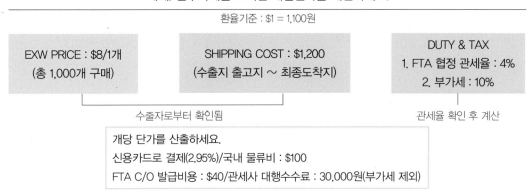

환율기준 : $1 = 1,100원

EXW PRICE : $8/1개
(총 1,000개 구매)

SHIPPING COST : $1,200
(수출지 출고지 ~ 최종도착지)

DUTY & TAX
1. FTA 협정 관세율 : 4%
2. 부가세 : 10%

수출자로부터 확인됨

관세율 확인 후 계산

개당 단가를 산출하세요.
신용카드로 결제(2.95%)/국내 물류비 : $100
FTA C/O 발급비용 : $40/관세사 대행수수료 : 30,000원(부가세 제외)

▲ 그림 4-4-1

알리바바닷컴에서 중국 판매자로부터 정식신고(사업자통관)를 통해 수입함을 가정하겠습니다. '관부가세를 포함한 개당 매입원가' 값을 구해주세요. FTA C/O 서류발급비용은 상품 결제 시 함께 결제합니다.

정답부터 확인하지 마시고 직접 문제를 풀어보는 것을 권유 드립니다. 통상 교육을 진행할 때 수강생 분들에게 20분 정도 시간을 드립니다. 충분히 고민하면서 문제를 풀어 보셨나요? 지금부터 함께 차근차근 살펴보도록 하겠습니다. 달러(통화) 기준으로 총 매입원가를 먼저 산출한 뒤, 개수(1,000개)를 나눠 개당 매입원가를 산출할 것입니다.

❶ EXW PRICE(상품원가): $8×1,000개 = $8,000

❷ SHIPPING COST(수출자 출고지 ~ 최종도착지): $1,200

❸ FTA C/O 발급비: $40

❹ 신용카드 수수료: ($8,000 + $1,200 + $40)×2.95% = $272.58

- 단, 신용카드 수수료 상한액은 $40이기에 $269.63이 아니라 $40으로 책정됨

❺ 관부가세 (FTA 협정세율: 4% / 부가세율: 10%)

- CIF 금액: $8,000(상품원가) + $1,200(수출지 출고지 ~ 최종도착지 물류비) − $100(국내 물류비) = $9,100

- 관세: $9,100×4% = $364

- 부가세: ($9,100 + $364)=$9,464×10% = $946.4

❻ 관세사 대행수수료: 30,000(부가세 제외)×1.1 = 33,000원(부가세 포함) = 33,000원 / 1,100원 = $30

- 1~6의 합계를 산출하면 총 매입원가: $10,620.4달러

- 개당 매입원가: $10,620.4 / 1,000개 = $10.6204달러

- 개당 매입원가(원화) = $10.6204달러×1,100원 = 11,682.44원

❶번부터 ❸번까지는 수입자가 알리바바닷컴을 통해 수출자에게 지불한 비용입니다.

❹번은 수입자가 알리바바닷컴에 카드수수료로 지불한 비용입니다.

❺번은 수입자가 한국 세관(관세청)에 지불한 비용입니다.

❻번은 수입자가 관세사에게 지불한 비용입니다.

05

대금 결제 후 프로세스 정리 및 구비 서류

이슈사항 및 원가 분석을 마무리한 이후 수입을 진행하기로 결심하셨으면 거래확약 결제(Trade assurance payment)를 통해 비용을 지불하시면 됩니다. 결제는 CHAPTER 3, Lesson 05를 참조합니다. 대금 결제를 마무리하고 수출자가 상품 발송 준비가 끝나면, 수출자 측에서 선정한 물류사(포워더)를 통해 선적을 준비합니다. 선적을 준비하는 과정에서 물류사(포워더)는 수입자에게 예상 선적 스케줄을 안내하고, 이 시기에 화물을 운송해도 될지 컨펌을 요청할 것입니다. 해당 일정이 컨펌되면 수출지 측 물류사(포워더)가 화물을 발송합니다. D조건이기 때문에 수출자가 최종도착지까지 운송해 주기 때문에 수입자 입장에서는 운송과 관련된 이슈에 대해서는 고민하실 필요가 없습니다.

화물이 항구(공항)에서 출발하여 한국에 도착할 때 즈음 특정 물류사(포워더)로부터 전화나 이메일을 통해 곧 화물이 한국에 도착하니 수입통관을 위해 서류를 준비해달라고 연락이 올 것입니다. 또한 통관은 어떻게 처리할 것인지를 수입자에게 물어볼 것입니다. 이때 '통관처리 해주세요.'라고 이야기하게 될 경우, 해당 물류사(포워더)가 거래하고 있는 관세사에게 수입통관 의뢰 건이 넘어가게 됩니다. 관세사는 수입통관에 있어 자문료를 받지 않고, 실제 해당 상품을 수입통관 했을 때 통관대행수수료를 청구하여 수익을 냅니다. 그런데 실컷 문의했던 관세사를 통해 진행하지 않고, 물류사(포워더)가 중개 및 소개하는 관세사에게 업무를 의뢰하게 되어 버리면 사전 문의한 관세사 입장에서는 수익을 창출할 수 없습니다. 따라서 이런 경우에는 '지정관세사'가 있음을 밝히시고, 사전 문의하셨던 관세사 정보를 물류사(포워더)에게 전달하시면 되겠습니다. 필요 정보는 '관세사 회사명 / 담당자 이름 / 연락처 / 이메일' 입니다. 해당 정보를 물류사(포워더)에게 전달하시면 수입통관을 준비하기 위해 수입자가 지정한 관세사에게 컨택 및 필요한 자료를 송부하게 되고, 수입통관을 진행할 준비를 마치게 됩니다.

위에서 설명 드린 것처럼 수입통관을 하기 위해서 갖추어야 할 서류가 있습니다. 이는 수출자로부터 서류를 수입자가 직접 수취하여 전달해야 하는 것으로 'C/I, P/L, FTA C/O'가 있습니다. 만약 수입 요건에 KC인증을 필요로 한다면 이 또한 취득 후 이 또한 관세사에게 제출하시면 됩니다. FTA C/O 는 앞서 언급했으므로 생략합니다. 나머지 서류에 대해서는 간단하게 안내 드리고 타 챕터에서 자세히 다뤄보도록 하겠습니다.

❶ PACKING LIST(패킹리스트)/ ❷ COMMERCIAL INVOICE(상업송장)

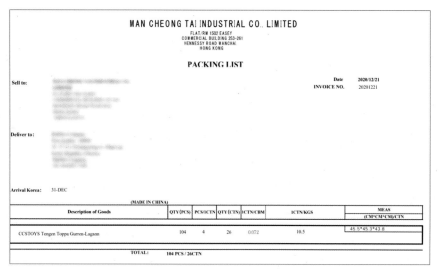

▲ 그림 4-5-1

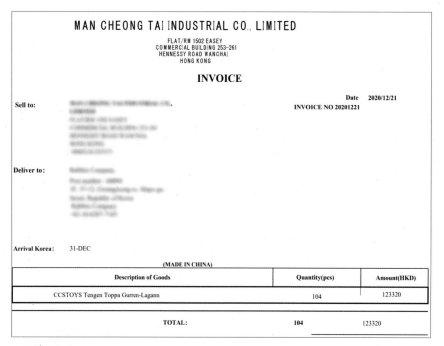

▲ 그림 4-5-2

수입통관을 위해 필수서류인 2가지를 수출자로부터 수취해야 합니다. 해당 서류를 수취하여 물류사(포워더)에게 전달해도 되고, 관세사에게 직접 전달해도 됩니다. 해당 서류를 수취한 물류사(포워더) 혹은 관세사는 해당 서류와 기타사항들을 확인 후 세관에 수입신고를 진행하게 됩니다. 이후 수입신고가 무사히 통과되면 사전 지정되어 있던 국내 내륙운송사를 통해 최종도착지로 화물이 운송되고 수입과정이 마무리됩니다. 위 절차대로 진행하게 되시면 수입상품을 무사히 받아 보실 수 있습니다. 다만 앞에서도 설명 드렸지만 D조건은 수입을 본격적으로 하고자 하시는 분들에게는 좋은 방법은 아닙니다. D조건으로 물건을 구매할 경우 수입자 입장에선 업무가 굉장히 편리하다는 장점이 있는 반면, 치명적인 약점이 있습니다. 바로 '물류비'입니다. 수출자는 물류회사가 아닙니다. 제조사나 트레이더(무역상사)겠죠. D조건 하에서는 이들 또한 수출지 물류사(포워더)로부터 비용을 받아 수입자에게 견적을 제출합니다. 수출지 물류사(포워더)로부터 받는 원가 그대로 수입자에게 전달한다면 좋겠지만, 해당 물류비 원가는 수입자에게 공개되지 않습니다. 수출자가 물류비에 추가 금액을 붙이는지 아닌지 확인하기 어렵습니다. 따라서 CHAPTER 8부터는 경쟁사 대비 저렴한 가격으로 수입하기 위해 물류비가 최적화될 가능성이 높은 'E, F조건'으로 무역거래를 하는 방법을 집중적으로 알아볼 것입니다.

05

클레임 절차 및 주의사항

알리바바닷컴의 장점 중 하나는 무역거래에 대한 클레임이 가능하다는 것입니다. 이에 처음 무역에 진입하기에 RISK가 적고 안심할 수 있습니다. 여러가지 이유가 있겠지만 부당함을 느낀 수입자가 수출자에게 컴플레인을 하는 과정과 2가지 케이스를 함께 살펴보도록 하겠습니다. 클레임을 제기하기 위해서는 당연히 주문이 전제가 되어야 합니다.

LESSON

01

수출자에게 클레임 신청하기
_ 주문 후 즉각적인 환불 요청

주문 실수를 하거나 기타 사유로 인하여 환불을 요청하고자 할 수 있습니다. 수출자가 아직 주문내역을 확인하지 않았거나, 확인 후에 화물 준비를 시작하지 않았다면 즉각적인 클레임 제기가 가능합니다.

액션 1 주문 페이지 접속 – 구매상품 중 환불하고자 하는 상품 탐색 – 환불 신청 클릭하기

▲ 그림 5-1-1

액션 2 환불하고자 하는 사유 선택

[그림 5-1-2]와 같은 화면을 확인할 수 있습니다. 이 중 환불 사유를 클릭합니다.

▲ 그림 5-1-2

Reason for refund를 클릭하면 환불 사유를 선택할 수 있습니다. 환불하고자 하는 사유는 여러가지가 있을 것입니다. 내 사유와 해당하는 문구를 클릭하면 됩니다.

❶ 수출자와 연락이 닿지 않을 때
❷ 수출자와 협의하여 주문을 신규로 진행함
❸ 소싱 정보가 일치하지 않음
❹ 주소와 연락처 같은 것들을 잘못 기재함
❺ 타 수출자로부터 더 좋은 제안을 받음
❻ 더 이상 거래하고 싶지 않음
❼ 기타

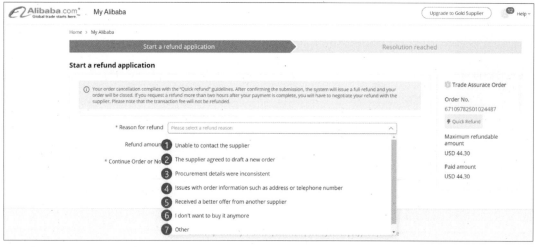

▲ 그림 5-1-3

액션 3 환불 가능한 금액을 확인

알리바바에 주문한 총액만큼 환불을 제기할 수 있습니다. 알리바바 주문 시 '상품가격 + 최종도착지까지의 물류비'를 지불했습니다. 해당 금액만큼을 클레임 제기 가능합니다.

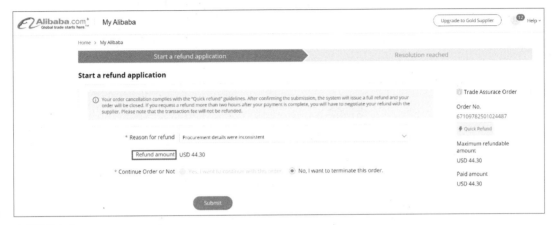

▲ 그림 5-1-4

Product Price:	USD 9.12
Shipping Fee:	USD 35.18
Order amount:	USD 44.30
Transaction Fee:	USD 1.31
Exchange Rate:	--
Payment in USD ∨	**USD 45.61**

⟨ ⊘ Pay now ⟩

▲ 그림 5-1-5

액션 4 마지막으로 이 거래를 계속 진행할지 말지를 선택

Continue Order or Not은 앞으로 이 거래를 지속할 것인지에 대한 문의하는 내역입니다. 주문 이후 즉각적인 환불 요청을 했으니, ❷ No, I want to terminate this order만 가능합니다.

❶ Yes, I want to continue with this order: 클레임을 제기하긴 하지만 거래를 계속하고 싶다.
❷ No, I want to terminate this order: 거래를 끝내고 싶다.

▲ 그림 5-1-6

액션 5 하단 Submit 버튼을 클릭하면 환불이 정상적으로 제기

환불이 정상적으로 처리되고, 10분 이내 즉각적인 환불절차가 이루어지게 됩니다.

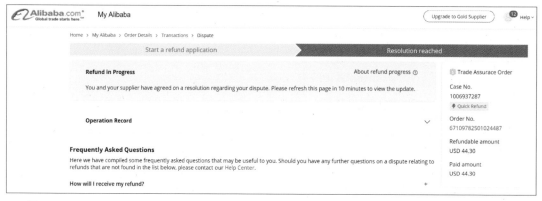

▲ 그림 5-1-7

02

수출자에게 클레임 신청하기
_ 수출자가 화물준비 시작 후 환불 요청

수출자가 주문내역을 확인하고 화물 준비를 시작하면 클레임 제기가 조금 더 어려워집니다. 금액 지불을 확인하고 상품을 발송할 준비하기 때문에 양사간 시시비비에 갈릴 수 있는 소지가 생깁니다. 특히나 대금 지불 후 생산에 들어가게 되면 취소 가능한 마땅한 사유가 없다면 클레임 제기에서 패할 수도 있는 상황이 열리기도 합니다.

클레임 제기 후 '일부 금액 환불' 케이스와 '전액 환불' 2가지 케이스를 살펴보도록 하겠습니다. 제 경험상 아직까지 컴플레인 제기 이후 보상을 받지 못한 케이스는 없었습니다. 수입자도 본인의 타당한 사유에서 컴플레인을 하는 것이 일반적이기에 조금이라도 보상을 받곤 했습니다. 다만 너무 억지스러운 컴플레인은 수출자의 반발을 크게 일으키게 되고, 거래도 종료되고 상품에 대한 환불도 받지 못하게 될 가능성이 있으니 유의하시길 바랍니다.

주문 후 즉각적인 클레임 제기와 달리 수출자가 화물 준비를 시작하는 순간부터는 프로세스가 바뀌게 됩니다. 수출자가 '화물 발송 전 / 화물 발송하였으나 미수령 / 화물 발송하여 수령' 3가지 케이스로 나뉘게 되는데, 어떤 케이스든 4가지 경우의 수로 도달하게 됩니다.

경우의 수

1st 컴플레인	➡	수출자 동의	➡	케이스 종료				
2nd 컴플레인	➡	수출자 부분동의	➡	수입자 동의	➡	케이스 종료		
3rd 컴플레인	➡	수출자 부분동의	➡	수입자 미동의	➡	수입자 컴플레인 격상	➡ 알리바바 중재	➡ 케이스 종료
4th 컴플레인	➡	수출자 미동의	➡	수입자 컴플레인 격상	➡	알리바바 중재	➡ 케이스 종료	

▲ 그림 5-2-1

첫째/둘째까지는 양사간 원만하게 협의하여 종료가 되며, 동의 이후 시스템에서 즉각적인 조치가 이루어지게 됩니다. 그러나 셋째/넷째 상황으로 이어지게 되면 '알리바바닷컴'이 중재자가 되어 양사의 이야기를 들어보고 최종 결론을 내리게 됩니다. 충분한 이야기를 거치고 결론을 내리기 때문에 환불까지 상당한 소요시간이 걸릴 수 있다는 점을 유의하시길 바랍니다. 우리는 본 도서에서 1st/4th 상황을 함께 살펴보도록 하겠습니다. 클레임을 제기하는 방법은 '1. 주문 후 즉각적인 환불 요청'과 동일하므로 생략하겠습니다.

(1) 컴플레인 –〉 수출자 동의 –〉 케이스 종료

본 케이스는 수출자가 원산지 라벨 부착에 동의하지 않아 발생한 컴플레인입니다. 애완가방의 경우 겉면이 '섬유/직물'로 이루어져 있기 때문에 상품 그 자체에 'MADE IN OOO' 원산지 라벨을 부착해야 합니다. 그러나 수출자는 적게 주문했다는 이유로 'MOQ(최소주문수량)'을 채울 정도로 상품을 구매하든지, 아니면 포장에 원산지 라벨을 부착하겠다'는 입장이라 양사간 협의에 도달하지 못해 클레임을 제기했고, 클레임이 즉각적으로 받아들여졌던 사례입니다.

클레임 제기 이후 관련된 히스토리는 [주문] – [order] – [Refund Requests]에서 확인이 가능합니다. 탭을 클릭한 이후 해당 클레임 건을 선택하시면 됩니다.

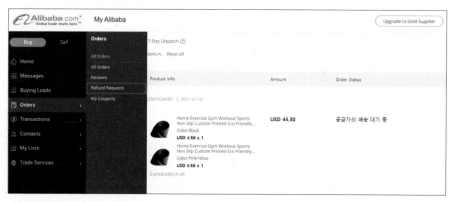

▲ 그림 5-2-2

▲ 그림 5-2-3

[그림 5-2-3]을 보시면 클레임 관련하여 괄호 안에 있는 주체를 살펴보실 수 있습니다. (System) / (Supplier) / (Buyer) 3가지 주체만이 있습니다. 즉, 알리바바 중재인이 개입하지 않고 서로 원만한 협의로 거래가 종료가 되었음을 의미합니다.

▲ 그림 5-2-4

(2) 컴플레인 –〉 수출자 미동의 –〉 수입자 컴플레인 격상 –〉 알리바바 중재 –〉 케이스 종료(부분 환불)

해당 사례는 정해진 납기 기일이 있었는데, 알리바바 수출자가 배송을 늦게 하는 바람에 계약이 파기되어 클레임을 제기한 건입니다. 이에 화물이 인천공항에 도착한 이후 수입통관하는 것을 거부했고 전액 환불 클레임을 제기했던 사건입니다. 수출자는 이에 강렬하게 반대했고 결국 알리바바 중재까지 이어져 배송비를 제외하고 상품 가격에 대해서만 환불된 케이스(부분환불)입니다.

[그림 5-2-4]을 보시면 양사간 협의로 끝났던 앞선 사례와 달리 (Alibaba.com)이라는 새로운 주체를 확인하실 수 있습니다. Buyer(수입자)와 Supplier(수출자)가 각자의 증빙을 제출하며 알리바바에 중재해달라고 요청하는 모습입니다. 환불 제기부터 종료까지 약 1달이라는 시간이 걸렸던 것 같습니다. 클레임 관련하여 조언을 조금 드리자면 증거를 최대한 많이 확보하라는 것입니다. 단순히 문구로만 알리바바 중재원을 설득하는 것은 무리일 수 있습니다. 왜 내가 제기한 클레임이 타당한지에 대해 정당한 증거를 제시해야만원하는 방향으로 결론에 다다를 수 있습니다.

▲ 그림 5-2-4

06

운송수단별 수입물류 기초지식

상품 경쟁력을 확보하기 위한 '수입물류'에 대한 기초적인 지식들을 다뤄볼 것입니다. 내가 수입하고자 하는 화물양에 따라 어떤 운송수단에 선적해야 하는지, 각 운송수단별 프로세스와 견적 항목들을 알아보겠습니다.

01

운송수단별 수입운송 프로세스 및 운임 계산법

1 _ 해상수입 _ FCL, LCL의 차이점

FCL은 Full Container Loaded의 약자로 수입기업이 컨테이너 1대를 단독으로 사용하는 것을 의미합니다. 반면 LCL은 Less than Container Loaded의 약자로 다수의 수입기업이 컨테이너 1대를 함께 사용하는 것을 의미합니다. 컨테이너 1대를 모두 채울 수 있는 양을 수입하는 경우 FCL 서비스를 활용하시겠지만, 그렇지 못하는 경우 LCL 서비스를 주로 활용합니다.

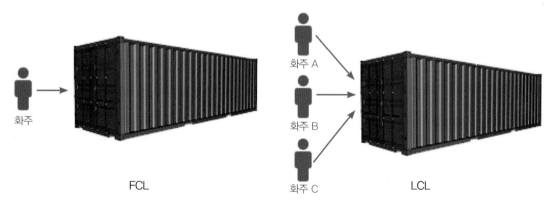

▲ 그림 6-1-1

FCL의 경우에는 일반 컨테이너라 불리는 DRY CONTAINER와 특수 컨테이너 FR(FLAT RACK), RF(REEFER), OT(OPEN TOP)과 같은 컨테이너가 있습니다. 일반적으로 컨테이너로 수입한다고 했을 때, DRY CONTAINER를 이용합니다. 다만 냉장/냉동 등 특정 온도를 유지해야 하는 화물을 수입하는 경우 RF컨테이너를 사용합니다. 화물의 높이나 폭이 DRY CONTAINER의 규격을 벗어나는 경우 FR(FLAT RACK, 측면, 천장이 뚫려 있는 컨테이너), OT(천장만 뚫려 있는 컨테이너)를 사용하게 됩니다.

컨테이너 유형/크기	DRY CONTAINER (일반 컨테이너)	RF CONTAINER (냉동/냉장 컨테이너)	FLAT RACK (플랫랙 컨테이너)	OPEN TOP (오픈탑 컨테이너)
20FEET	○	○	○	○
40FEET	○	○	○	○
40HQ	○	×	×	×

FR, OT의 경우에도 20피트, 40피트와 같이 컨테이너 규격이 별도 있습니다. 그러나 선적하고자 하는 화물이 해당 규격을 초과하는 경우, 타 컨테이너가 선적될 공간을 추가로 할당받아 선적 가능합니다. 단, 공간을 차지하는 만큼의 비용을 추가 지불해야 합니다.

▲ 그림 6-1-2

자주하는 질문

 어떤 컨테이너로 수입하는 것이 좋을까요?

일반적으로 컨테이너 유형을 선택하는 것은 수출자입니다. 왜냐하면 화물을 판매하는 주체이기 때문에 본인 화물에 대한 특성을 수입자보다 더 잘 알고 있기 때문입니다. 컨테이너 크기의 경우에도 실제 선적될 화물의 부피/중량을 알아야만 결정할 수가 있습니다. 화물의 부피/중량을 예측할 수 있는 것은 수출자이기 때문에 일반적으로 컨테이너 종류 및 크기는 수출자의 제안대로 진행되는 편입니다. 다만 수출자도 완벽한 전문가는 아닙니다. 20피트 컨테이너로도 충분한 화물임에도 불구하고 40피트로 진행하고자 하는 경우, 수입자가 물류비를 절감할 수 있게끔 사이즈가 작은 컨테이너로 진행하는 것을 역제안 할 수 있을 정도만큼의 물류 지식은 갖추고 있는 것이 좋습니다.

LCL은 DRY CONTAINER로만 운영이 가능합니다. 간혹 냉장/냉동 화물도 LCL로 진행이 가능하냐고 문의 주십니다. 그러나 냉장/냉동 화물의 경우 유지해야 하는 온도가 서로 상이하기 때문에, 현실적으로 운영하기가 어려워 진행하지 못합니다. 위와 같은 경우에는 화물 양이 소량이라면 항공(AIR)을 통해 대량이라면 20피트 리퍼컨테이너(RF)를 사용해야 합니다. 본인의 화물 부피/중량에 따라 물류비가 산출되고, 이에 따른 운송수단을 결정해야 하기 때문에 포워더(국제물류중개인)로부터 확인 후 운송수단을 결정하시면 되겠습니다.

2 _ 해상수입 _ 해상수입(FCL & LCL) 프로세스

각 운송수단별 수입프로세스를 확인해 보겠습니다. D조건으로만 진행하게 될 경우 수입자는 비용을 지불하고 상품만 안전하게 받아 보면 되기 때문에 해당 절차를 모르셔도 무방합니다. 그러나 타 무역조건으로 진행시에는 해당 프로세스를 알고 계셔야 내 업무범위를 명확하게 구분 지을 수 있고, 어떤 항목이 지출되는지를 이해할 수 있습니다.

(1) FCL 수입 프로세스

수출자는 포워더라고 불리는 국제물류주선인에게 해상운송을 위해 선적예약을 진행합니다. 전문적인 용어로는 부킹(Booking)한다고 이야기합니다. 이후 포워더를 통해 공컨테이너(Empty container)가 수출자 화물준비 일정에 맞춰 공장으로 운송됩니다. 수출자는 공컨테이너에 수출할 화물을 적재합니다. 이후 화물 반입 마감 시간에 맞춰 컨테이너가 수출지 항구로 운송됩니다. 이후 스케줄에 맞춰 컨테이너가 선박에 적재되고 수입지 항구로 출항합니다. 수입지 항구에 정상적으로 도착하면 선박에 있는 컨테이너를 양하합니다. 이후 수입통관 절차를 밟은 뒤, 수입자가 지정한 최종도착지로 컨테이너가 운송됩니다.

(2) LCL 수입 프로세스

FCL과 달리 LCL 수입운송은 프로세스가 추가됩니다. 컨테이너를 타사와 함께 이용하기 때문에 다수의 수출자와 수입자가 존재합니다. FCL과 달리 공컨테이너(Empty container)를 특정 수출자에게 보내는 것이 아니라, CFS(수출지)라는 장소에 위치한 뒤 다수 수출자들의 화물을 해당 장소로 집하합니다. 이후 화물들이 CFS(수출지)에 도착하면 컨테이너 1대에 다수 소화물들을 적재하게 됩니다. 이후 화물 반입 마감 시간에 맞춰 수출지 항구로 소량화물을 담은 컨테이너가 운송됩니다. 스케줄에 맞춰 컨테이너가 선박에 적재되고 수입지 항구로 출항합니다. 수입지 항구에 정상적으로 도착하면 선박에 있는 컨테이너를 양하합니다. 이후 1가지 과정이 더 추가됩니다. 다수의 소화물들이 함께 적재되어 있기 때문에 특정 수입자에게 컨테이너 채로 운송이 불가합니다. (가능은 하겠지만 굉장히 비효율적일 것입니다.) 컨테이너에 담긴 소화물들을 모두 빼내고 각 수입자에게 화물을 전달하기 위해 CFS(수입지)로 컨테이너가 운송되게 됩니다. 이후 CFS(수입지)에서 컨테이너에 있는 화물들을 모두 적출하고, 수입통관 절차를 밟은 뒤 각각의 수입자에게 소화물들을 운송합니다.

(3) FCL, LCL 프로세스 차이에 따른 상이한 견적 항목

FCL, LCL의 수입물류 프로세스 차이를 이해하면 어떤 견적 항목들이 추가되는지를 알 수 있습니다.

- FCL: 수출지 출고지 —〉 수출지 항구 —〉 수입지 항구 —〉 최종도착지
- LCL: 수출지 출고지 —〉 수출지 CFS —〉 수출지 항구 —〉 수입지 항구 —〉 수입지 CFS —〉 최종도착지

따라서 LCL은 FCL과 달리 '수출지 CFS -> 수출지 항구'로 이동, '수입지 항구 -> 수입시 CFS'로 이동하는 셔틀료(SHUTTLE FEE, DRAYAGE CHARGE)라는 내륙운송이 추가로 발생합니다. 또한 수출지 CFS에서 소화물을 컨테이너에 화물을 적입하고, 수입지 CFS에서 컨테이너에 담긴 소화물을 적출하는 작업료가 발생합니다. 이를 CFS CHARGE(수출지에서는 컨테이너 적입료의 개념으로, 수입지에서는 컨테이너 적출료 개념으로 사용)라고 합니다. 실제 고객들에게 제출되는 견적서를 바탕으로 이해를 도와보겠습니다. 견적서는 디지털 수입물류 포워딩 서비스 – 쉽다(SHIPDA)에서 견적 조회 후 다운로드가 가능합니다.

FCL 견적을 조회한 뒤, 견적서를 다운로드하여 함께 살펴보겠습니다.

조건 – 아이템: 애완용품 / 화물 디테일: 20피트 일반 컨테이너 1대
구간: 상해항 -> 인천항 / 인코텀즈: FOB

▲ 그림 6-1-3

표준 견적서   ShipDa

요청사항   FOB조건(상해항 -> 인천항)   회사명:셀러노트(쉽다)
          아이템: 애완용품   담당자 정보:이중원/010-2638-7225
          화물디테일: 20DRY*1대   cs@ship-da.com
          환율기준:1098.88원 일원(달러)
                1351.62원 일원(유로)
                168.62원 일월(위안)

구분	항목	기준통화	단가	수량	견적가	견적단위	비고
해상운임	OCEAN FREIGHT(해상운임)	USD	100	1	₩109,888	CNTR	
	BAF&CAF(유류할증료 및 통화할증료)	USD	220	1	₩241,754	CNTR	
	CRS(긴급비용할증료)	USD	40	1	₩43,955	CNTR	
국내 부대비용	THC(터미널화물처리비)	KRW	130,000	1	₩130,000	CNTR	
	WFG(부두사용료)	KRW	4,420	1	₩4,420	CNTR	
	DOC FEE(서류 발급비)	KRW	50,000	1	₩50,000	B/L	VAT 별도
	HANDLING CHARGE(포워더 대행수수료)	KRW	40,000	1	₩40,000	B/L	VAT 별도
	CONTAINER CLEANING CHARGE(컨테이너 청소비)	KRW	25,000	1	₩25,000	CNTR	
	DUTY&TAX(관부가세)		실비청구				
	INSPECTION FEE(세관검사)		실비청구				적발 시
기타사항	ROUTE(구간)		상해항 -> 인천항				
	LINER(선사)		범주해운(Pan Continental Shipping)				
	VALIDITY(운임 유효기간)		2021년 01월 30일				
코멘트	* 관부가세는 HS-CODE에 따라 실비청구됩니다.						
	* 화물은 위화운행 기준 전산판매도를 평균값으로 청구됩니다.						
	* 실제 선적된 부피/중량 기준으로 청구됩니다.						
	* 국내 DEM&DET는 별도 협의 없을 시, 기본요율로 청구됩니다.						

최종 가격(VAT 별도)   ₩645,017

▲ 그림 6-1-4

LCL 견적을 조회한 뒤, 견적서를 다운로드하여 함께 살펴보겠습니다.

조건 - 아이템: 애완용품 / 화물 디테일: 100×80×80CM, 20KG - 1BOX, 총 5BOX

구간: 상해항 -〉 인천항 / 인코텀즈: FOB

▲ 그림 6-1-5

표준 견적서 ShipDa

회사명: 셀러노트(쉽다)
담당자 정보: 이중원/010-2638-7225
cs@ship-da.com

요청사항 FOB조건(상해항 -> 인천항)
아이템: 애완용품
화물디테일: 3.2 R.TON
환율기준: 1098.88원 알러(달러)
1351.62원 알러(유로)
168.62원 알러(위안)

구분	항목	기준통화	단가	수량	견적가	견적단위	비고
해상운임	OCEAN FREIGHT(해상운임)	USD	0	3.2	₩0	R.TON	
	BAF & CAF(유류할증료&통화할증료)	USD	19	3.2	₩66,812	R.TON	
	CRS(긴급비용할증료)	USD	4	3.2	₩14,066	R.TON	
국내 부대비용	THC(터미널 화물 처리비)	KRW	7,500	3.2	₩24,000	R.TON	
	WFG(부두사용료)	KRW	323	3.2	₩1,034	R.TON	
	DOC FEE(서류 발급비)	KRW	50,000	1	₩50,000	B/L	VAT 별도
	HANDLING CHARGE(포워더 대행 수수료)	KRW	43,956	1	₩43,956	B/L	VAT 별도
	D/O FEE(화물인도지시서)	KRW	50,000	1	₩50,000	B/L	VAT 별도
	CONTAINER CLEANING CHARGE(컨테이너 청소 바용)	KRW	2,500	3.2	₩8,000	B/L	
	DRAYAGE CHARGE(셔틀비)	KRW	58,000	1	₩58,000	B/L	VAT 별도
	CFS CHARGE (화물 혼재/분류 비용)	KRW	0	3.2	₩0	B/L	VAT 별도
	기타비용 합계(B/L 당 청구)	KRW	0	1	₩0	B/L	
	기타비용 합계(R.TON 당 청구)	KRW	0	3.2	₩0	R.TON	
	DUTY&TAX(관부가세)		실비청구				
	INSPECTION FEE(세관검사)		실비청구				적발 시
기타사항	ROUTE(구간)		상해항 -> 인천항				
	TRANSIT TIME(소요시간)		3일				
	VALIDITY(운임 유효기간)		2021년 12월 31일				

코멘트
- 국내 창고보관료는 실비로 청구됩니다.
- 실제 적용되는 환율은 외환은행이 고지한 전신환매도율로 책정됩니다.
- 실시간 견적조회 서비스 내 '체크 포인트'에서 선택하지 않았으나 실제 발생하게 될 경우 실비로 청구됩니다.
- 최종정산은 실제 선적된 화물의 부피 및 중량 정보를 바탕으로 청구됩니다.

최종 가격(VAT 별도) ₩315,867

▲ 그림 6-1-6

다른 견적 항목들은 FCL와 일치합니다. 그러나 '국내 부대비용'에서 DRAYAGE CHARGE(셔틀료), CFS CHARGE(컨테이너 적출료)가 FCL과 달리 추가되는 것을 확인할 수 있습니다. 쉽다에서는 인천항의 경우 CFS CHARGE를 별도 부과하지 않아서 0원으로 처리하나, 타 업체의 경우 다를 수 있습니다.

알아두기 ▶ 콘솔리데이션(Consolidation)

CFS에서 소화물들을 컨테이너에 적입하고, 적출하는 행위를 콘솔리데이션(Consolidation)이라고 합니다. 그리고 이를 전문적으로 처리하는 업체를 콘솔사라고 합니다. 국제물류의 큰 범위 안에서 소화물 전문 포워더라고 이해하시면 되겠습니다. 해당 콘솔사는 포워더에게 소매가를 제공하고, 포워더는 수입기업들에게 마진을 붙여 수입기업에 운임을 판매합니다. 결국 중간유통단계가 형성되는데, 디지털 수입물류 포워딩 - 쉽다(SHIPDA)는 오션티켓(Ocean ticket)이라는 서비스를 통해 직접 콘솔업무를 수행하면서 수입기업에게 다이렉트로 운임을 판매하고 있습니다. 따라서 [그림 6-1-9]서 보이는 일반 포워더의 견적과 [그림 6-1-8]에서 확인되는 쉽다가 수입기업에게 제공하는 견적체계가 상이합니다.

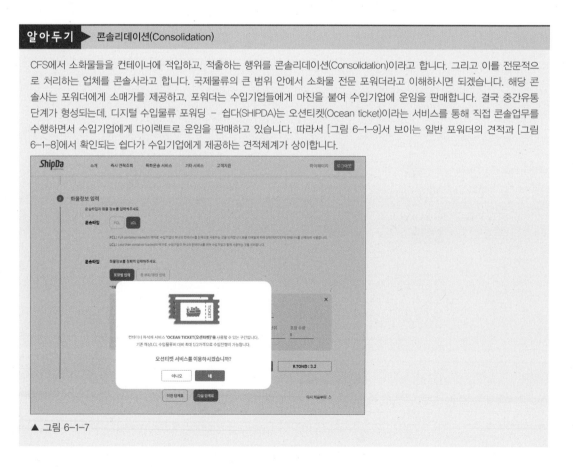

▲ 그림 6-1-7

오션티켓은 총 2가지 루트로 이용 가능합니다. '특화운송 서비스 탭 – 오션티켓'을 클릭하거나, '즉시 견적조회' 탭에서 특정 구간을 검색하시면 오션티켓 적용 구간인 경우, 서비스 이용여부를 묻습니다. '네'를 누르시면 [그림 6-1-9] 견적을 제공받을 수 있고, '아니오'를 누르시면 [그림 6-1-8]처럼 일반 포워더들이 제공하는 수준의 단가를 제공받게 됩니다. 현재는 '아시아 주요국가-〉한국' 구간만 서비스를 진행하고 있으나, 시일 내로 전세계 서비스로 확장할 예정입니다.

표준 견적서 — ShipDa

요청사항: FOB조건(상해항 -> 인천항)
아이템: 애완용품
화물디테일: 1R.TON
환율기준: 1098.88원 일괄(달러)
1351.62원 일괄(유로)
168.62원 일괄(위안)

회사명: 셀러노트(쉽다)
담당자 정보: 이종원/010-2638-7225
cs@ship-da.com

구분	항목	기준통화	단가	수량	견적가	견적단위	비고
해상운임	OCEAN TICKET(희석비/0.1R.TON기준)	USD	5	10	₩54,950	0.1 R.TON	BAF&CAF&CRS 포함
국내 부대비용	BASIC RATE(기본료)	KRW	100,000	1	₩100,000	B/L	THC, WFG, DOC FEE, 창고보관료(1주일 무료) 등 포함 / VAT 별도
	DUTY&TAX(관부가세)		실비청구				
	INSPECTION FEE(세관검사)		실비청구				적발 시
기타사항	ROUTE(구간)	상해항 -> 인천항					

코멘트:
1. 위험물, 2단 적재 불가한 상품의 경우 해당운임 적용 받지 않습니다. 별도 운임 확인이 필요하며 의뢰 내용에 맞춰 확인 후 안내됩니다.
2. 원산지 표기 오기 및 미부착 등에 의해 세관에서 적발되었을 경우 발생하는 일체 비용은 실비청구 됩니다.
3. 물류비 대금정산은 국내 항구 도착 후, 실제 선적된 부피/중량에 따라 청구됩니다.
4. 창고보관료는 반입일 기준 '1주일 무료' 입니다. 이후 7일 단위로 보관료가 R.TON 당 15,000원이 청구됩니다.

예시)
2R.TON 보관 시,
1) 창고 반입 1주일: 무료
※ 1주일 분량이 포함되어 있습니다.
2) 8일 보관(7일 초과, 14일 이내): 15,000원/R.TON * 2R.TON * 초과 1주차 = 30,000원
3) 13일 보관(7일 초과, 14일 이내): 15,000원/R.TON * 2R.TON * 초과 1주차 = 30,000원
4) 18일 보관(14일 초과, 21일 이내): 15,000원/R.TON * 2R.TON * 초과 2주차 = 60,000원

5. 중국 내륙에서부터 쉽다가 운송을 시작하는 경우 인코텀즈는 EXW로 설정되고, 중국 항구에서부터 운송을 시작하는 경우 인코텀즈는 FOB로 설정됩니다.
6. 견적은 업무 의뢰 후 30일간 유효합니다.
7. 0.1 R.TON 단위로 계산됩니다(소수 둘째자리 올림).
8. 수출자 라이선스 대행 요청 시, 관련 비용($50/BL)을 수출자에게 청구합니다.
9. FTA C/O 발행대행 요청 시, $40/BL이 수입자에게 추가청구 됩니다.

최종 가격(VAT 별도) ₩154,950

▲ 그림 6-1-8

표준 견적서 — ShipDa

요청사항: FOB조건(상해항 -> 인천항)
아이템: 애완용품
화물디테일: 1R.TON
환율기준: 1098.88원 일괄(달러)
1351.62원 일괄(유로)
168.62원 일괄(위안)

회사명: 셀러노트(쉽다)
담당자 정보: 이종원/010-2638-7225
cs@ship-da.com

구분	항목	기준통화	단가	수량	견적가	견적단위	비고
해상운임	OCEAN FREIGHT(해상운임)	USD	0	1	₩0	R.TON	
	BAF & CAF(유류할증료&통화할증료)	USD	19	1	₩20,879	R.TON	
	CRS(긴급비용할증료)	USD	4	1	₩4,396	R.TON	
국내 부대비용	THC(터미널 화물 처리비)	KRW	7,500	1	₩7,500	R.TON	
	WFG(부두사용료)	KRW	323	1	₩323	R.TON	
	DOC FEE(서류 발급비)	KRW	50,000	1	₩50,000	B/L	VAT 별도
	HANDLING CHARGE(포워더 대행 수수료)	KRW	43,956	1	₩43,956	B/L	VAT 별도
	D/O FEE(화물인도지시서)	KRW	50,000	1	₩50,000	B/L	VAT 별도
	CONTAINER CLEANING CHARGE(컨테이너 청소 비용)	KRW	2,500	1	₩2,500	R.TON	
	DRAYAGE CHARGE(셔틀비)	KRW	47,000	1	₩47,000	B/L	VAT 별도
	CFS CHARGE(화물 혼재/분류 비용)	KRW	0	1	₩0	R.TON	VAT 별도
	기타비용 합계(B/L 당 청구)	KRW	0	1	₩0	B/L	
	기타비용 합계(R.TON 당 청구)	KRW	0	1	₩0	R.TON	
	DUTY&TAX(관부가세)		실비청구				
	INSPECTION FEE(세관검사)		실비청구				적발 시
기타사항	ROUTE(구간)	상해항 -> 인천항					
	TRANSIT TIME(소요시간)	3일					
	VALIDITY(운임 유효기간)	2021년 12월 31일					

코멘트:
- 국내 창고보관료는 실비로 청구됩니다.
- 실제 적용되는 환율은 외환은행이 고지한 전신환매도율로 책정합니다.
- 실시간 견적조회 서비스 내 '체크 포인트'에서 선택하지 않았으나 실제 발생하게 될 경우 실비로 청구됩니다.
- 최종정산은 실제 선적된 화물의 부피 및 중량 정보를 바탕으로 청구됩니다.

최종 가격(VAT 별도) ₩226,553

▲ 그림 6-1-9

쉽다는 [그림 6-1-9]의 견적체계에서 [그림 6-1-8]로 복잡한 수입물류 견적서 체계를 간소화했습니다. 수입 해상운임/기본료만을 청구합니다. 그에 반하여 일반 포워더들의 견적은 수입 해상운임/국내 부대비용이 굉장히 다양합니다. 또한 중간유통 비용이 포함되어 있기에 쉽다의 오션티켓 서비스 대비 경쟁력이 현저히 떨어집니다.

 **해상FCL 수입 시, 최종도착지에 컨테이너 운송 진입이 어려운 경우**

해상FCL로 진행 시, 주의해야 하는 사항이 있습니다. 국내 최종도착지가 컨테이너 운송 진입이 가능한가 여부를 확인해야 합니다. 현재 예시로 든 '종로구'의 경우 컨테이너 차량이 진입하기 어렵습니다. 도심에 거주하시는 분들의 경우, 도로에서 화물 트럭들은 보셨겠지만 컨테이너 운송차량을 보진 못하셨을 것입니다.

그렇다면 어떻게 처리해야 할까요? 불가능하지 않습니다. 다만 이럴 경우 해상LCL과 같은 절차를 밟아야 합니다. 즉 컨테이너에 있는 화물들을 모두 적출한 뒤 '화물 트럭'에 옮겨 적재해야 합니다. 그 이후 트럭으로 최종도착지까지 운송을 진행합니다. 이에 FCL이지만 해상LCL과 동일한 절차를 밟기에 견적 항목에 SHUTTLE FEE 및 CFS CHARGE가 견적서에 표기됩니다. 수입물류에 특화된 포워더의 경우 사전에 이를 조언해주지만, 그렇지 못한 경우 화물이 항구에 도착하고 나서야 이런 사실을 알려주어 사전에 원가 계산이 정확히 될 수 없게끔 만들어 버립니다. 그렇지만 이 부분을 수입자가 포워더에게 컴플레인 할 수도 없습니다. 본인이 요청한 것이기 때문이죠. 따라서 잘 알고 접근하거나 수입에 특화된 포워더를 컨택해야 합니다. 해상FCL로 수입하지만 컨테이너 진입이 불가한 경우의 견적조회 방법과 견적서를 함께 살펴보겠습니다.

1. 견적조회 방법

견적조회 페이지 – 체크포인트: 도착지 컨테이너 진입가능 여부를 '불가'로 설정

---

③ 체크 포인트

LSS	Ocean Surcharge	국내 부대비용	도착지 컨테이너 진입 가능 여부
미포함	포함	포함	불가

LSS: 저유황유할증료로 수출지에서 발생하는 비용입니다. 통상적으로 수입자가 지불합니다.
Ocean Surcharge: 해상수입 시, 수입지에서 발생하는 해상운임 추가비용(BAF,CAF,CRS)를 의미합니다.
도착지 컨테이너 진입 여부: FCL 진행 시, 최종도착지에 컨테이너 진입이 불가한 경우 항구에서 화물 적출 후 일반 사량으로 변경하여 운송해야 합니다.
국내 부대비용 수입 시, 국내 항구/공항에서 발생하는 비용(THC, WFG 등)을 의미합니다.

컨테이너 화물 적출 후 최종 도착지까지 운송하기 위해 아래 정보가 추가로 필요합니다.

1. 애완용품		
총 CBM	총 중량(TON)	2단 적재
20	5	가능

총 CBM: CBM은 세제곱미터(m³)를 의미합니다 (1CBM = 1m³). 예를 들어 가로, 세로, 높이가 각각 0.5m, 0.5m, 0.5m인 경우라면 부피가 0.125m³이므로 CBM 역시 0.125CBM이 됩니다.
2단 적재: 상품을 위아래로 겹쳐 쌓는 것을 의미합니다. 상품 특성 상 2단 적재가 불가능한 경우가 있고, 불가능 시 부피를 많이 차지하게 되어 물류비가 상승합니다.

필요한 내용을 선택해주세요.

☐ 통관 업무 의뢰   ☐ 적하보험 가입

● 통관대행수수료의 경우 화물 종류 및 금액에 상관없이 1회 30,000원(VAT 별도)가 청구됩니다.
● 해상/항공 사고 발생 시를 대비하여 가입하는 보험입니다. 통상적으로 '물품가격 * 110% * 0.03%'가 적용됩니다.

이전 단계로	다음 단계로		다시 처음부터 ↻

▲ 그림 6-1-10

2. 견적서 확인

해상LCL과 마찬가지로 DRAYAGE CHARGE(셔틀료) + CFS CHARGE(컨테이너 적출료) 항목이 추가됨

표준 견적서

ShipDa

요청사항
FOB조건(상해항 -> 인천항 -> 서울특별시 종로구)
아이템: 애완용품
화물디테일: 20DRY*1대
환율기준:1098.88원 일괄(달러)
1351.62원 일괄(유로)
168.62원 일괄(위안)

회사명:셀러노트(쉽다)
담당자 정보:이종원/010-2638-7225
cs@ship-da.com

구분	항목	기준통화	단가	수량	견적가	견적단위	비고
해상운임	OCEAN FREIGHT(해상운임)	USD	100	1	₩109,888	CNTR	
	BAF&CAF(유류할증료 및 통화할증료)	USD	220	1	₩241,754	CNTR	
	CRS(긴급비용할증료)	USD	40	1	₩43,955	CNTR	
국내 부대비용	THC(터미널화물처리비)	KRW	130,000	1	₩130,000	CNTR	
	WFG(부두사용료)	KRW	4,420	1	₩4,420	CNTR	
	DOC FEE(서류 발급비)	KRW	50,000	1	₩50,000	B/L	VAT 별도
	HANDLING CHARGE(포워더 대행수수료)	KRW	40,000	1	₩40,000	B/L	VAT 별도
	CONTAINER CLEANING CHARGE(컨테이너 청소비)	KRW	25,000	1	₩25,000	CNTR	
	DRAYAGE CHARGE(셔틀료)	KRW	130,000	1	₩130,000	CNTR	VAT 별도
	CFS CHARGE(컨테이너 적출료)	KRW	8,500	20	₩170,000	R.TON	VAT 별도
	DUTY&TAX(관부가세)		실비청구				
	INSPECTION FEE(세관검사)		실비청구				적발 시
국내 내륙운송	TRUCKING CHARGE(내륙운송료)	KRW	190,000	1	₩190,000	TRUCK	VAT 별도/11톤 독차
기타사항	ROUTE(구간)		상해항 -> 인천항 -> 서울특별시 종로구				
	LINER(선사)		범주해운(Pan Continental Shipping)				
	VALIDITY(운임 유효기간)		2021년 01월 31일				
코멘트	* 관부가세는 HS-CODE에 따라 실비청구됩니다. * 화물을 외환운용 기준 전신환매도율 평균값으로 청구됩니다. * 실제 선적된 부피/중량 기준으로 청구됩니다. * 국내 DEM&DET는 별도 협의발생 시, 기본요율로 청구됩니다.						

		최종 가격(VAT 별도)	**₩1,135,017**

▲ 그림 6-1-11

3 _ 해상운임(OCEAN FREIGHT) 산출방법_FCL & LCL

FCL은 하나의 컨테이너를 수입자가 녹자적으로 사용하기 때문에 해상운임(OCEAN FREIGHT)이 컨테이너(CONTAINER, 줄여서 CTNR) 단위로 청구됩니다. 예를 들어 상해항에서 인천항으로 20피트 컨테이너를 한 대 수입하는 경우, 해상운임은 $200/20피트 컨테이너와 같은 방식으로 청구되게 됩니다.

그러나 LCL의 경우 하나의 컨테이너를 여러 수입자가 함께 사용하기 때문에 해상운임이 컨테이너 단위가 아니라 부피/중량을 고려한 공간 단위로 책정되게 됩니다. LCL 해상운임은 포장된 화물의 부피와 중량을 비교하여 큰 값으로 결정됩니다. 자세하게 알아보도록 하겠습니다.

부피의 기준은 CBM으로서 1CBM은 가로(1m)×세로(1m)×높이(1m), 즉 1세제곱미터를 의미합니다. 예를 들어 포장된 수입품의 부피가 가로(50CM)×세로(60CM)×높이(80CM)면, 0.5m×0.6m ×0.8m로 0.24CBM이 됩니다. 이 값을 무게(TON)와 비교합니다. 예를 들어 200kg라고 하면, 0.2TON이 됩니다. 그런데 CBM과 TON이 단위가 다르기에 단순 비교가 안 됩니다. 이에 해상LCL 에서는 둘 단위를 통일하기 위해 R.TON(Revenue Ton)이라는 단위를 도입했습니다. 0.24CBM은

0.24R.TON이 되고, 0.2TON은 0.2TON이 됩니다. 이러면 단위가 통일되기 때문에 비교가 가능하겠죠? 해상LCL에서는 둘 중 큰 값으로 운임을 결정합니다. 일종의 Rule입니다. 따라서 0.24R.TON이 최종 단위가 됩니다. 이때 부피가 중량보다 커서 R.TON이 결정되었기 때문에 부피 화물(Volume cargo)라고 부릅니다.

만약 부피가 0.5m×0.6m×0.8m로 0.24CBM인데, 중량이 300kg로 0.3TON이라면 상황은 바뀌게 됩니다. 0.24R.TON과 0.3R.TON으로 단위가 변환하게 되고, 둘 중 큰 값인 0.3R.TON이 해상운임을 책정하는 기준이 됩니다. 중량이 부피보다 커서 R.TON이 결정되었기 때문에 중량 화물(Weight cargo)라고 부릅니다.

해상운임이 R.TON당 7만원이라면 0.3R.TON 기준에서는 7만원×0.3R.TON으로 2.1만원이 계산됩니다. 그러나 일반적으로 해상LCL 운임은 일반적으로 1R.TON을 기본운임으로 책정합니다. 내 화물의 부피/중량이 1R.TON이 되지 않는데도 불구하고 기본요금을 모두 지불해야 된다는 것이지요. '오션티켓(OCEAN TICKET)'은 이런 문제점을 해결하기 위해 노력하고 있습니다. 기본요금 제도를 폐지하고, 선적된 부피/중량에 맞는 정밀한 비용을 청구합니다.

▲ 그림 6-1-12

알아두기	W/M(R.TON)

동일한 용어입니다. 부피 또는 무게를 비교하여 큰 쪽을 운임톤(Revenue Ton: R/T)으로 계산합니다. 이를 다르게 표현하면 W/M이라고 하며 Weight/Measurement의 약자입니다.

4 _ 항공수입 _ AIR, EXPRESS의 차이점

샘플을 수입하시는 경우, 통상적으로 화물 부피/중량이 작기 때문에 DHL/FEDEX와 같은 특송 서비스를 활용해 상품을 수입합니다. 그러나 샘플이 아닌 본 물량을 긴급하게 수입할 때에는 대한항공/아시아나 항공기를 활용하여 상품을 수입합니다. 일반적으로 해외여행 가는 경우 대한항공/아시아나를 이용한다고만 생각하는데, 해당 항공사들은 여객기만 있는 것이 아니라 화물기도 존재합니다. 심지어 여객기에도 화물을 적재하여 운항합니다.

큰 범위에서 둘 다 항공운송이라는 점은 동일하지만, 특송은 오직 화물만 선적하고 항공은 화물&여객을 함께 운영한다는 점에서 차이점이 발생합니다. 당연히 화물만을 처리하는 특송 서비스가 수입지 도착 후 화물 적출 및 통관 속도가 빠릅니다. 그러나 화물이 대량인 경우, 특송 대비 항공 물류비가 더 저렴하여 본품 수입 시에는 항공을 주로 이용합니다.

구분	특송사(EXPRESS)	항공사(AIR)
대표 운송사	DHL, FEDEX	대한항공(KE), 아시아나(OZ)

5 _ 항공수입 프로세스

항공의 경우 해상 대비 심플합니다. 항공 스케줄을 수립하고, 수출자가 포워더를 통해 공항 근처에 있는 항공 터미널로 화물을 입고합니다. 터미널로 입고된 화물들이 비행기에 선적되고 수입지 공항으로 이동합니다. 도착 후 보세창고로 화물이 이동하게 되고, 수입통관 후 수입자에게 최종 운송됩니다.

알아두기	보세창고

수입통관을 마치지 않은 화물을 보관하는 창고를 의미합니다. 해당 창고에 보관하는 동안에는 관세가 붙지 않습니다. FCL은 일반적으로 컨테이너 터미널(CY)에서 수입통관을 진행하지만 LCL&AIR는 해당 보세창고에 입고 뒤 수입통관을 진행합니다.

6 _ 항공운임(AIR FREIGHT) 산출방법_AIR & EXPRESS

해상과 달리 항공은 FCL/LCL의 개념이 없습니다. 해상수입이 R.TON(혹은 W/M)을 기준으로 비용이 책정되었다면 항공(AIR)/특송(EXPRESS)은 Chargeable Weight(C/W)로 견적이 책정됩니다.

▲ 그림 6-1-13

우선 운송수단이 항공(AIR)인 경우 항공운임을 산출해 보겠습니다. 위에서 언급한 C/W라는 개념도 R.TON과 마찬가지로 항공에 선적되는 화물의 부피와 중량을 통일화하여 비교 후 큰 값으로 값을 산정하기 위해 도입되었습니다. 단, 해상수입LCL 견적을 산출하는 방식과 일반적으로 동일하나 계산식에서 약간의 차이점이 있습니다.

만약 포장된 화물의 부피가 가로(60CM) × 세로(60CM) × 높이(60CM)라면 CM단위로 위 값을 곱합니다. 60×60×60=216,000이란 값이 나오겠죠? 해당 값에 6,000을 나눕니다. 216,000/6,000으로 36이란 값이 나옵니다. 부피는 36C.W가 됩니다. 화물의 중량이 40KG라면 40C.W가 됩니다. 부피와 중량 중 큰 값인 40C.W가 항공운임을 산정하는 기준이 됩니다. C.W당 항공운임이 2,000원이라면 40×2,000원=80,000원이 견적가입니다. 만약 부피는 36C.W인데, 화물 중량이 20KG라면 부피가 더 크기 때문에 36C.W가 항공운임을 산정하는 기준이 됩니다.

운송수단이 특송(EXPRESS)인 경우도 계산 방식은 동일합니다. 다만 부피를 구하는 기준에 있어 약간의 차이가 있습니다. 부피를 C.W단위로 변경할 때 항공(AIR)은 6,000으로 나누었는데 특송(EXPRESS)의 경우 일반적으로 5,000으로 나눕니다(업체마다 나누는 값의 기준이 다를 수 있습니다.) 예를 들어 항공(AIR)에서는 60CM×60CM×60CM를 6,000으로 나누어 36C.W 값이 나왔다면 특송(EXPRESS)에서는 60CM×60CM×60CM을 5,000으로 나누어 43.2C.W가 됩니다.

소량화물인 경우 항공(AIR) 대비 특송(EXPRESS)가 저렴한 이유는 무엇일까요? 바로 기본운임에 있습니다. 특송은 최소값이 없고, C.W당 운임으로 책정합니다. 그런데 일반적으로 항공(AIR)은

45C.W이하의 화물에 대해서는 기본요금이라는 명목으로 45C.W 금액을 청구합니다. 즉, 10C.W인데도 불구하고 45C.W로 가정하여 운임을 청구한다는 이야기입니다.

예 10C.W 상품 항공수입 시

- 특송: C.W당 2,000원 = 10×2,000원=2만원
- 항공: 45C.W 이하까지 4만원 = 4만원

위와 같이 청구되기 때문에 45C.W 이하의 화물에 대해서는 일반적으로 특송이 더 경쟁력이 있게 됩니다. 45C.W 이상이 된다면 특송과 항공 견적은 비교해봐야 합니다. 이전에는 항공이 단연 저렴했는데, 최근 코로나 사태 이후 특송이 더 저렴한 경우가 있었습니다.

알아두기 ▶ 특송 견적의 특징

특송은 물류비를 '수출자 출고지 ~ 최종도착지의 견적(End to End)'으로만 제공합니다. 따라서 위에 언급된 특송항공운임은 순수한 '항공운임'이라고 보기 어렵고 Total 물류비라고 보는 것이 맞습니다. 수출자가 본인의 비용으로 특송사 창고로 화물을 직접 입고해주더라도 특송사로부터 청구되는 견적에 차이가 없습니다. 특송에서는 Zone이라는 개념이 활용됩니다. A 장소와 B 장소가 같은 Zone에 속하면 동일한 견적이 청구됩니다.

02
운송수단별 기타비용 확인하기

1 _ FCL_해상운임(OCEAN FREIGHT) 이외 비용 확인하기

포워더로부터 FCL수입운송 견적을 확인하면 해상운임(OCEAN FREIGHT) 이외 해상운임 추가비용(OCEAN SURCHARGE) 및 국내 부대비용을 확인할 수 있습니다. 수입무역을 진행하시는 분들이 주로 FOB조건을 활용하므로, 해당 기준으로 견적 항목들을 살펴보도록 하겠습니다. 우선 해상운임 추가비용(OCEAN SURCHARGE)에는 어떤 견적 항목들이 있는지 살펴보겠습니다.

❶ BAF(Bunker Adjustment Factor, 유류할증료): 해운회사가 유가상승에 따른 손실을 보전하기 위해 운임에 부과하는 할증료입니다. 해당 비용은 수입되는 컨테이너 대수에 따라 청구됩니다. CAF(Currency Adjustment Factor, 통화할증료): 해상운임이 USD로 정산되기에 미국 이외 국가에서는 환리스크가 발생합니다. 해운회사들이 발생하는 환손실을 방지하기 위해 부과하는 항목으로 마찬가지로 수입되는 컨테이너 대수에 따라 청구됩니다.

❷ CRS(Cost Recovery Surcharge): 해운회사들이 추가적인 손실을 보전하기 위해 새롭게 만든 항목으로 수입되는 컨테이너 대수에 따라 청구됩니다.

해상운임에서 발생하는 BAF&CAF&CRS는 포워더가 수입기업에게 임의적으로 청구하는 비용이 아니라, 선박을 운항하는 해운회사가 운항에 따른 손실을 보전하기 위해 청구하는 비용입니다. 포워더의 경우 해당 비용을 수입기업에게 실비청구(AT COST)로 청구할 뿐입니다. (물론 포워더에 따라 해당 비용에 몰래 본인들의 마진을 붙이는 곳도 있습니다.) 해당 비용은 출발지 국가/항구에 따라 청구될 수도 있고, 그렇지 않을 수도 있습니다. 특정 지어 어느 나라 & 항구에서 비용이 발생한다고 말씀드리기가 어렵습니다. 전세계에는 너무 많은 항구들이 존재하기 때문입니다. 예시로 든 '상해항 −〉 인천항' 구간에서는 위 견적서와 같이 청구되고 있습니다.(2021년 1월 기준)

표준 견적서							ShipDa

요청사항 FOB조건(상해항 -> 인천항)
아이템: 애완용품
화물디테일: 20DRY*1대
환율기준:1098.88원 멀랑(달러)
1351.62원 멀랑(유로)
168.62원 멀랑(위안)

회사명:셀러노트(쉽다)
담당자 정보:이중원/010-2638-7225
cs@ship-da.com

구분	항목	기준통화	단가	수량	견적가	견적단위	비고
해상운임	OCEAN FREIGHT(해상운임)	USD	100	1	₩109,888	CNTR	
	BAF&CAF(유류할증료 및 통화할증료) ❶	USD	220	1	₩241,754	CNTR	
	CRS(긴급비용할증료) ❷	USD	40	1	₩43,955	CNTR	
국내 부대비용	THC(터미널화물처리비)	KRW	130,000	1	₩130,000	CNTR	
	WFG(부두사용료)	KRW	4,420	1	₩4,420	CNTR	
	DOC FEE(서류 발급비)	KRW	50,000	1	₩50,000	B/L	VAT 별도
	HANDLING CHARGE(포워더 대행수수료)	KRW	40,000	1	₩40,000	B/L	VAT 별도
	CONTAINER CLEANING CHARGE(컨테이너 청소비)	KRW	25,000	1	₩25,000	CNTR	
	DUTY&TAX(관부가세)		실비청구				
	INSPECTION FEE(세관검사)		실비청구				적발 시
기타사항	ROUTE(구간)	상해항 -> 인천항					
	LINER(선사)	범주해운(Pan Continental Shipping)					
	VALIDITY(운임 유효기간)	2021년 01월 30일					
코멘트	* 관부가세는 HS-CODE에 따라 실비청구됩니다.						
	* 환율은 외환은행 기준 전신판매도율을 평균값으로 청구됩니다.						
	* 실제 선적된 부피/중량 기준으로 청구됩니다.						
	* 국내 DEM&DET는 별도 협의 없을 시, 기본요율로 청구됩니다.						

최종 가격(VAT 별도)   ₩645,017

▲ 그림 6-2-1

선박이 수입지 항구에 도착한 이후 부과되는 국내 부대비용을 함께 알아보겠습니다. 상황에 따라 부과되는 견적 항목들이 더 많을 수 있겠지만 일반적인 경우를 가정하여 정리하였습니다.

❶ THC(Terminal Handling Charge, 터미널화물처리비): 선박의 난간에서 컨테이너 야적장의 GATE까지의 컨테이너 화물 취급비 수수료입니다. 도착하는 항구(인천/부산/평택 등)에 따라 약간의 비용 차이가 있습니다. 해당 비용은 실비이며, 수입되는 컨테이너 대수에 따라 청구되는 항목입니다.

❷ WFG(Wharfage, 부두사용료): 부두를 이용하는데 따른 사용료. 유지/개조 등을 위해 사용자로부터 징수함. 해당 비용은 실비이며, 수입되는 컨테이너 대수에 따라 청구되는 항목입니다.

❸ DOC FEE(Document FEE, 서류발급비): 해운회사가 발급하는 서류의 비용입니다. 해당 비용은 실비이며, 1회당(B/L) 청구되는 항목입니다.

❹ HANDLING CHARGE(포워더 대행수수료): 포워더가 국제물류를 주선함에 따라 수입기업에게 청구하는 수수료이고, 1회당(B/L) 청구되는 항목입니다. 포워더 업체마다 청구하는 비용이 상이합니다.

❺ CONTAINER CLEANING CHARGE(컨테이너 청소비): 수입 후 컨테이너를 청소하는 비용으로 실비이며, 수입되는 컨테이너 대수에 따라 청구되는 항목입니다.

❻ TRUCKING CHARGE(내륙운송료): 견적서에는 기재되어 있지 않지만 포워더에게 만약 최종도착지까지 운송을 의뢰한다면 청구되는 비용입니다. 해당 비용은 수입통관 이후 컨테이너 터미널에서 최종도착지까지 부과되는 내륙운송료를 의미하고, 수입되는 컨테이너 대수에 따라 청구됩니다. 2020년도 안전운임제가 발효됨으로써 국가에서 정한 금액으로 청구되고 있습니다.

포워더는 수입에 필요한 여러 인프라(해운회사, 내륙운송사, 관세사 등)를 중개하면서 일정 마진을 붙입니다.

구분	항목	기준통화	단가	수량	견적가	견적단위	비고
해상운임	OCEAN FREIGHT(해상운임)	USD	100	1	₩109,888	CNTR	
	BAF&CAF(유류할증료 및 통화할증료)	USD	220	1	₩241,754	CNTR	
	CRS(긴급비용할증료)	USD	40	1	₩43,955	CNTR	
국내 부대비용	THC(터미널화물처리비) ❶	KRW	130,000	1	₩130,000	CNTR	
	WFG(부두사용료) ❷	KRW	4,420	1	₩4,420	CNTR	
	DOC FEE(서류 발급비) ❸	KRW	50,000	1	₩50,000	B/L	VAT 별도
	HANDLING CHARGE(포워더 대행수수료) ❹	KRW	40,000	1	₩40,000	B/L	VAT 별도
	CONTAINER CLEANING CHARGE(컨테이너 청소비) ❺	KRW	25,000	1	₩25,000	CNTR	
	DUTY&TAX(관부가세)		실비청구				
	INSPECTION FEE(세관검사)		실비청구				적발 시

표준 견적서

요청사항 FOB조건(상해항 -> 인천항)
아이템: 애완용품
화물디테일: 20DRY*1대
환율기준: 1098.88원 일괄(달러)
1351.62원 일괄(유로)
168.62원 일괄(위안)

ShipDa
회사명: 셀러노트(쉽다)
담당자 정보: 이중원/010-2638-7225
cs@ship-da.com

기타사항	ROUTE(구간)	상해항 -> 인천항
	LINER(선사)	범주해운(Pan Continental Shipping)
	VALIDITY(운임 유효기간)	2021년 01월 30일

코멘트
* 관부가세는 HS-CODE에 따라 실비청구됩니다.
* 환율은 외환은행 기준 전신환매도율 평균값으로 청구됩니다.
* 실제 선적된 부피/중량 기준으로 청구됩니다.
* 국내 DEM&DET는 별도 협의 없을 시, 기본요율로 청구됩니다.

최종 가격(VAT 별도) ₩645,017

▲ 그림 6-2-2

2 _ LCL_해상운임(OCEAN FREIGHT) 이외 비용 확인하기

LCL 또한 해상으로 진행되는 건이기 때문에 견적 항목에서 FCL과 큰 차이점은 없습니다. 다만 앞 챕터에서 언급했듯이 LCL 화물의 경우, 국내 도착한 이후 FCL과 달리 수입프로세스가 늘어나기 때문에 몇 가지 견적 항목들을 추가적으로 확인할 수 있습니다. 우선 LCL에서도 해상운임 추가비용 (OCEAN SURCHARGE)를 먼저 살펴보겠습니다.

❶ **BAF(Bunker Adjustment Factor, 유류할증료):** 해운회사가 유가상승에 따른 손실을 보전하기 위해 운임에 부과하는 할증료입니다. 해당 비용은 수입되는 화물의 부피/중량 중 큰 값인 운임톤(RTON)에 따라 청구됩니다.

　CAF(Currency Adjustment Factor, 통화할증료): 해상운임이 USD로 정산되기에 미국 이외 국가에서는 환 리스크가 발생합니다. 해운회사들이 발생하는 환 손실을 기본운임에 부과하는 항목으로 수입되는 화물의 부피/중량 중 큰 값인 운임톤(RTON)에 따라 청구됩니다.

❷ **CRS(Cost Recovery Surcharge):** 해운회사들이 추가적인 손실을 보전하기 위해 새롭게 만든 항목으로 수입되는 화물의 부피/중량 중 큰 값인 운임톤(RTON)에 따라 청구됩니다.

표준 견적서   ShipDa

요청사항
FOB조건(상해항 -> 인천항)
아이템:애완용품
화물디테일: 1R.TON
환율기준:1098.88원 일괄(달러)
1351.62원 일괄(유로)
168.62원 일괄(위안)

회사명:쉘러노트(쉽다)
담당자 정보:이중원/010-2638-7225
cs@ship-da.com

구분	항목	기준통화	단가	수량	견적가	견적단위	비고
해상운임	OCEAN FREIGHT(해상운임) ❶	USD	0	1	₩0	R.TON	
	BAF & CAF(유류할증료&통화할증료) ❶	USD	19	1	₩20,879	R.TON	
	CRS(긴급비용할증료) ❷	USD	4	1	₩4,396	R.TON	
국내 부대비용	THC(터미널 화물 처리비)	KRW	7,500	1	₩7,500	R.TON	
	WFG(부두사용료)	KRW	323	1	₩323	R.TON	
	DOC FEE(서류 발급비)	KRW	50,000	1	₩50,000	B/L	VAT 별도
	HANDLING CHARGE(포워더 대행 수수료)	KRW	43,956	1	₩43,956	B/L	VAT 별도
	D/O FEE(화물인도지시서)	KRW	50,000	1	₩50,000	B/L	VAT 별도
	CONTAINER CLEANING CHARGE(컨테이너 청소 비용)	KRW	2,500	1	₩2,500	R.TON	
	DRAYAGE CHARGE(셔틀비)	KRW	47,000	1	₩47,000	B/L	VAT 별도
	CFS CHARGE (화물 혼재/분류 비용)	KRW	0	1	₩0	R.TON	VAT 별도
	기타비용 합계(B/L 당 청구)	KRW	0	1	₩0	B/L	
	기타비용 합계(R.TON 당 청구)	KRW	0	1	₩0	R.TON	
	DUTY&TAX(관부가세)				실비청구		
	INSPECTION FEE(세관검사)				실비청구		적발 시
기타사항	ROUTE(구간)		상해항 -> 인천항				
	TRANSIT TIME(소요시간)		3일				
	VALIDITY(운임 유효기간)		2021년 12월 31일				
코멘트	- 국내 창고보관료는 실비로 청구됩니다.						
	- 실제 적용되는 환율은 외환은행이 고지한 전신환매도율로 책정됩니다.						
	- 실시간 견적조회 서비스 내 '체크 포인트'에서 선택하지 않았으나 실제 발생하게 될 경우 실비로 청구됩니다.						
	- 최종정산은 실제 선적된 화물의 부피 및 중량 정보를 바탕으로 청구됩니다.						

최종 가격(VAT 별도)   **₩226,553**

▲ 그림 6-2-3

해상운임 추가비용(OCEAN SURCHARGE)의 경우 해상LCL과 FCL이 별 차이가 없습니다. 그러나 국내 부대비용에서는 몇 가지 차이가 발생합니다. ❺, ❼, ❽의 경우가 추가적으로 발생됩니다.

❶ THC(Terminal Handling Charge, 터미널화물처리비): 선박의 난간에서 컨테이너 야적장의 GATE까지의 컨테이너 화물 취급비 수수료입니다. 도착하는 항구(인천/부산/평택 등)에 따라 약간의 비용 차이가 있습니다. 해당 비용은 실비이며, 수입되는 화물의 부피/중량 중 큰 값인 운임톤(R.TON)에 따라 청구되는 항목입니다.

❷ WFG(Wharfage, 부두사용료): 부두를 이용하는데 따른 사용료. 유지/개조 등을 위해 사용자로부터 징수함. 해당 비용은 실비이며, 수입되는 화물의 부피/중량 중 큰 값인 운임톤(R.TON)에 따라 청구되는 항목입니다.

❸ DOC FEE(Document FEE, 서류발급비): 해운회사가 발급하는 서류의 비용입니다. 해당 비용은 실비이며, 1회(B/L)당 청구되는 항목입니다.

❹ HANDLING CHARGE(포워더 대행수수료): 포워더가 국제물류를 주선함에 따라 수입기업에게 청구하는 수수료이고 1회당(B/L) 청구되는 항목입니다. 포워더 업체마다 청구하는 비용이 상이합니다.

❺ D/O FEE(화물인도지시서): 수입통관 이후 보세창고에서 화물을 찾아가는데 따른 서류를 발급하는 비용입니다. 해당 비용은 실비이며 1회당(B/L) 청구되는 항목입니다.

❻ CONTAINER CLEANING CHARGE(컨테이너 청소비): 수입 후 컨테이너를 청소하는 비용으로 실비이며, 수입되는 화물의 부피/중량 중 큰 값인 운임톤(R.TON)에 따라 청구되는 항목입니다.

❼ DRAYAGE CHARGE(셔틀료): 소화물을 적재한 컨테이너가 수입지 항구로 도착한 이후, 컨테이너에 담긴 소화물을 적출하기 위해 CFS로 이동합니다. 이때 발생하는 내륙운송료를 의미하며 수입되는 화물의 부피/중량 중 큰 값인 운임톤(R.TON)에 따라 청구됩니다. DRAYAGE CHARGE를 SHUTTLE FEE라고도 부릅니다.

❽ CFS CHARGE(컨테이너 적출비): 소화물이 담긴 컨테이너를 적출하기 위한 작업료입니다. 수입되는 화물의 부피/중량 중 큰 값인 운임톤(R.TON)에 따라 청구됩니다.

❾ TRUCKING CHARGE(내륙운송료): 견적서에는 기재되어 있지 않지만 포워더에게 만약 최종도착지까지 운송을 의뢰한다면 청구되는 비용입니다. 해당 비용은 수입통관 이후 컨테이너 터미널에서 최종도착지까지 부과되는 내륙운송료를 의미하고, 수입되는 화물의 부피/중량에 따라 차종(1톤, 2.5톤 등)이 달리 배차되고, 차종에 따라 비용이 청구됩니다.

표준 견적서　　　　　　　　　　　　　　　　　　　　　　　　　　　　　　　　　　　　　　　ShipDa

요청사항 FOB조건(상해항 -> 인천항)
아이템: 애완용품
화물디테일: 1 R.TON
환율기준: 1098.88원 일괄(달러)
1351.62원 일괄(유로)
168.62원 일괄(위안)

회사명: 셀러노트(쉽다)
담당자 정보: 이중원/010-2638-7225
cs@ship-da.com

구분	항목	기준통화	단가	수량	견적가	견적단위	비고
해상운임	OCEAN FREIGHT(해상운임)	USD	0	1	₩0	R.TON	
	BAF & CAF(유류할증료&통화할증료)	USD	19	1	₩20,879	R.TON	
	CRS(긴급비용할증료)	USD	4	1	₩4,396	R.TON	
국내 부대비용	THC(터미널 화물 처리비) ❶	KRW	7,500	1	₩7,500	R.TON	
	WFG(부두사용료) ❷	KRW	323	1	₩323	R.TON	
	DOC FEE(서류 발급비) ❸	KRW	50,000	1	₩50,000	B/L	VAT 별도
	HANDLING CHARGE(포워더 대행 수수료) ❹	KRW	43,956	1	₩43,956	B/L	VAT 별도
	D/O FEE(화물인도지시서) ❺	KRW	50,000	1	₩50,000	B/L	VAT 별도
	CONTAINER CLEANING CHARGE(컨테이너 청소 비용) ❻	KRW	2,500	1	₩2,500	R.TON	
	DRAYAGE CHARGE(셔틀비) ❼	KRW	47,000	1	₩47,000	B/L	VAT 별도
	CFS CHARGE (화물 혼재/분류 비용) ❽	KRW	0	1	₩0	R.TON	VAT 별도
	기타비용 합계(B/L 당 청구)	KRW	0	1	₩0	B/L	
	기타비용 합계(R.TON 당 청구)	KRW	0	1	₩0	R.TON	
	DUTY&TAX(관부가세)		실비청구				
	INSPECTION FEE(세관검사)		실비청구				적발 시
기타사항	ROUTE(구간)		상해항 -> 인천항				
	TRANSIT TIME(소요시간)		3일				
	VALIDITY(운임 유효기간)		2021년 12월 31일				

코멘트
- 국내 창고보관료는 실비로 청구됩니다.
- 실제 적용되는 환율은 외환은행이 고지한 전신환매도율로 책정됩니다.
- 실시간 견적조회 서비스 내 '체크 포인트'에서 선택하지 않았으나 실제 발생하게 될 경우 실비로 청구됩니다.
- 최종정산은 실제 선택된 화물의 부피 및 중량 정보를 바탕으로 청구됩니다.

최종 가격(VAT 별도)　　₩226,553

▲ 그림 6-2-4

알아두기　▶　해상LCL 수입 시, 실비로 청구되는 창고보관료(WAREHOUSE)

해상LCL 수입 시 가장 큰 문제점은 견적서 내 언급된 비용 이외 갑작스럽게 실비로 청구되는 '창고보관료'입니다. 대부분의 포워더 견적서 내 'REMARK(코멘트)'에 국내 창고보관료는 실비청구 된다고 기재되어 있습니다. 확정 견적이라고 생각하고 포워더에게 의뢰를 맡겼는데 화물을 출고하려고 하니 청구되는 '창고보관료'에 많은 수입기업 분들이 불만을 호소하십니다. 해당 '창고보관료'는 사실 포워더가 수입기업에게 청구하는 비용이 아니라, 컨테이너를 적출/적입하는 콘솔사가 수입기업에게 청구하는 비용입니다. 어떤 경우에는 수입물류비와 거의 동일한 정도의 창고보관료가 청구되는 경우도 있을 정도로 수입기업 분들에게는 비용 부담으로 자리잡고 있습니다.

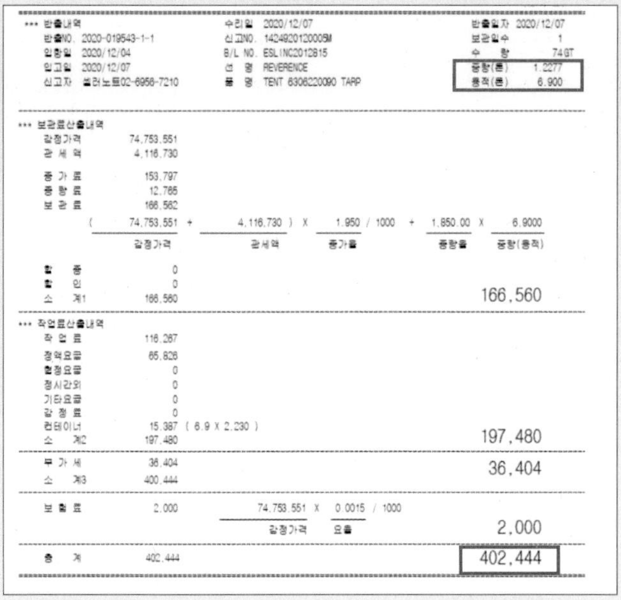

▲ 그림 6-2-5

[그림 6-2-5]는 청도→인천으로 LCL 수입된 화물의 '창고보관료'입니다. 부피(용적): 6.9CBM, 중량: 약 1.2TON으로 중량보다 부피가 더 큽니다(R.TON: 6.9) 수입기업 분이 수령하신 수입물류비는 약 53만원 가량이었습니다. 그런데 창고보관료가 약 40만원이 실비로 청구되었습니다. 약 93만원이 6.9R.TON을 수입하는데 소요된 총비용인 것입니다. 기존 수입업무를 여럿 해본 분들이라면 어느 정도 창고보관료가 발생된다고 인지하고 수입을 진행합니다만, 새롭게 수입을 시작하시는 분들에겐 굉장히 당황스러운 금액일 것입니다.

소량화물 해상수입(LCL)의 중간유통 단계를 제거하는 '오션티켓(OCEAN TICKET)'을 출시하면서 물류비를 최대 1/2 가격으로 낮췄고, 이해하기 어려운 복잡한 견적 항목들을 간소화 했습니다. 그리고 또 한 가지 위에서 언급한 문제를 해결하고 수입기업의 효용을 최대화하기 위하여 국내 창고보관료를 '7일 무료'로 제공하고 있습니다. (21년 1월 기준 아시아 주요국가에서 수입되는 화물에 대해서만 적용되고 있으나, 빠른 시일 내로 전세계로 서비스가 확장됩니다.)

▲ 그림 6-2-6

3 _ AIR_항공운임(AIR FREIGHT) 이외 비용 확인하기

포워더로부터 항공수입 운송견적을 확인하면 항공운임(AIR FREIGHT) 이외 다양한 항목들을 확인할 수 있습니다. 수입무역을 진행하시는 분들이 주로 FOB조건을 활용하므로, 해당 기준으로 물류비를 살펴보도록 하겠습니다. 항공운임 추가비용(AIR SURCHARGE)를 살펴보겠습니다.

❶ FSC(FUEL SURCHARGE, 유류할증료): 국제유가의 급격한 상승이 있을 경우 항공운임을 보전을 위해 항공사에서 청구하는 비용입니다. 화물의 부피/중량 중 큰 값인 C.W로 청구됩니다.

❷ SSC(SECURITY SURCHARGE, 보안할증료): 미국 911테러 이후 생긴 비용으로 안전점검, X-RAY 검사비용 등의 명목으로 청구되며 항공사에서 청구하는 비용입니다. 화물의 부피/중량 중 큰 값인 C.W로 청구됩니다.

표준 견적서

요청사항 FOB조건(상해공항 -> 인천공항)
아이템: 의류
화물디테일: 133.33 C.W.
환율기준:1098.88원 일괄(달러)
1351.62원 일괄(유로)
168.62원 일괄(위안)

회사명: 셀러노트(쉽다)
담당자 정보: 이중원/010-2638-7225
cs@ship-da.com

ShipDa

구분	항목	기준통화	단가	수량	견적가	견적단위	비고
항공운임	AIR FREIGHT(항공운임)	USD	1	133.33	₩146,514	C.W	
	FSC(유류할증료) ❶	USD	0.4	133.33	₩58,605	C.W	
	SSC(보안할증료) ❷	USD	0.4	133.33	₩58,605	C.W	
국내 부대비용	THC(터미널화물처리비)	KRW	150	133.33	₩20,000	C.W	
	DOC FEE(서류 발급비)	KRW	50,000	1	₩50,000	B/L	VAT 별도
	HANDLING CHARGE(포워더 대행수수료)	KRW	40,000	1	₩40,000	B/L	VAT 별도
	COLLECT FEE(착지불수수료)	실비청구					항공운임*5%
	DUTY&TAX(관부가세)	실비청구					
	INSPECTION FEE(세관검사)	실비청구					적발 시
기타사항	ROUTE(구간)	상해공항 -> 인천공항					
	VALIDITY(운임 유효기간)	2021년 01월 31일					
코멘트	* 관부가세는 HS-CODE에 따라 실비청구됩니다. * 환율은 외환은행 기준 전신환매도율 평균값으로 청구됩니다. * 실제 선적된 부피/중량 기준으로 청구됩니다. * 국내 창고보관료는 실비로 청구됩니다.						

최종 가격(VAT 별도)   ₩373,724

▲ 그림 6-2-7

국내 부대비용을 확인해보겠습니다. 해상과 수입절차가 다르기 때문에 항목도 다릅니다. 이중에서는 수입자에게 청구되는 항목도, 아닌 항목들도 존재합니다.

❶ THC(Terminal Handling Charge, 터미널화물처리비): 항공 터미널을 이용료 및 항공기 내 화물을 양하하는 등의 작업 비용입니다. 화물의 부피/중량 중 큰 값인 C.W에 따라 청구되는 항목입니다.

❷ DOC FEE(Document FEE, 서류발급비): AWB(Air waybill) 서류발급 비용입니다. 1회(B/L)당 청구되는 항목입니다.

❸ HANDLING CHARGE(포워더 대행수수료): 포워더가 국제물류를 주선함에 따라 수입기업에게 청구하는 수수료이고 1회당(B/L) 청구되는 항목입니다. 포워더 업체마다 청구하는 비용이 상이합니다.

❹ COLLECT FEE(착지불 수수료): 포워더가 수출지에서 항공료를 사전에 지불하고 수입운송을 진행하기에, 출발일부터 도착일까지 환차손이 발생할 수 있습니다. 이 환차손을 방지하기 위해 포워더가 청구하는 비용으로 포워더 업체마다 청구하는 비용은 상이합니다. 일반적으로 항공운임의 5%를 청구합니다.

표준 견적서

ShipDa

요청사항
FOB조건(상해공항 -> 인천공항)
아이템: 의류
화물디테일: 133.33 C.W.
환율기준:1098.88원 일괄(달러)
1351.62원 일괄(유로)
168.62원 일괄(위안)

회사명:셀러노트(쉽다)
담당자 정보:이중원/010-2638-7225
cs@ship-da.com

구분	항목	기준통화	단가	수량	견적가	견적단위	비고
항공운임	AIR FREIGHT(항공운임)	USD	1	133.33	₩146,514	C.W	
	FSC(유류할증료)	USD	0.4	133.33	₩58,605	C.W	
	SSC(보안할증료)	USD	0.4	133.33	₩58,605	C.W	
국내 부대비용	THC(터미널화물처리비) ❶	KRW	150	133.33	₩20,000	C.W	
	DOC FEE(서류 발급비) ❷	KRW	50,000	1	₩50,000	B/L	VAT 별도
	HANDLING CHARGE(포워더 대행수수료) ❸	KRW	40,000	1	₩40,000	B/L	VAT 별도
	COLLECT FEE(착지불수수료) ❹		실비청구				항공운임*5%
	DUTY&TAX(관부가세)		실비청구				
	INSPECTION FEE(세관검사)		실비청구				적발 시
기타사항	ROUTE(구간)	상해공항 -> 인천공항					
	VALIDITY(운임 유효기간)	2021년 01월 31일					
코멘트	* 관부가세는 HS-CODE에 따라 실비청구됩니다. * 환율은 외환은행 기준 전신환매도율 평균값으로 청구됩니다. * 실제 선적된 부피/중량 기준으로 청구됩니다. * 국내 창고보관료는 실비로 청구됩니다.						

		최종 가격(VAT 별도)	**₩373,724**

▲ 그림 6-2-8

알아두기 ▶ 특송(EXPRESS)의 경우 국내 부대비용이 별도 없는 이유

CHAPTER 06 - LESSON 01에서도 설명드렸지만 특송의 경우 수출지 출고지에서 최종도착지까지의 END TO END 서비스를 제공하기 때문에 이미 항공운임 내에 국내 부대비용이 모두 포함되어 있습니다. 따라서 수입기업에게 청구되는 견적서에는 별도 국내 부대비용들이 기재되어 있지 않습니다.

07

수입무역 필수서류 확인하기

수입 시, 수출자와 필수적으로 주고 받아야 하는 서류의 종류를 확인하고 구체적으로 어떤 점을 살펴야 하는지 확인합니다.

01

B/L(선하증권) (Origninal B/L, Surrender B/L)

B/L은 Bill of lading의 약자로 한국에서는 이를 선하증권 혹은 선화증권으로 부릅니다. 화물의 소유권을 나타내는 증권으로 수출입을 하는데 필수적으로 발행되는 서류입니다. 수유권을 갖는 서류라 함은 누구나 해당 원본 서류를 갖고 있다면 화물을 찾아갈 수 있음을 뜻하기도 해서, 면밀히 관리해야 합니다. 해당 B/L 서류는 화물이 실제 선박에 선적이 되면 선박의 선장으로부터 발급받게 됩니다. (항공의 경우, Lesson 04에서 다룰 Air waybill이라는 서류가 유사한 성격을 갖고 있습니다.) 이후 수출자로부터 B/L 서류를 전달받으면 됩니다.

해당 서류에는 지금껏 학습했던 내용들이 종합적으로 담겨있습니다. 자세히 살펴보도록 하겠습니다. 중국 천진항(신강항)에서 인천항으로 20피트 컨테이너 1대를 CIF 조건으로 진행한 건을 예제로 들어보겠습니다.

해당 서류는 수출자가 작성하여 수입자에게 전달합니다. 원산지 증명서(FTA C/O)와 마찬가지로 본 서류를 수출자 독단으로 처리하기 보다는 내용이 틀린 부분이 없는지 수입자에게 검토를 요청하게 됩니다. 이때 최초로 받는 B/L 초안서류를 'CHECK B/L'이라고 합니다. 수출자로부터 CHECK B/L을 받게 되시면 틀린 부분이 없는지를 살펴봐야 합니다.

❶ SHIPPER: 수출자 정보입니다. 수출자 본인이 작성하는 것이기 때문에 수출자 정보를 틀릴 일은 희박합니다. 간단하게 회사명이 일치하는지 확인하시고 넘어갑니다.

❷ CONSIGNEE: 수입자 정보입니다. 원칙적으로는 수입자 사업자등록증에 기재된 영문 주소로 입력해야 합니다. 만약 사업자등록증에 기재된 영문 주소와 실제 상품을 수령할 장소가 다를 경우 해당란에 사업자등록증 영문주소를 기재해도 되고, 상품을 실제 수령할 장소를 기재하셔도 큰 문제는 없습니다. 다만 수입 자체를 처음 하시는 경우 사업자등록증에 기재된 영문명을 기입하시는 것이 좋습니다. 간혹 세관에서 문제 삼는 경우가 있습니다.

❸ NOTIFY PARTY: '화물이 도착했을 경우 누구에게 이 사실을 알리겠느냐'는 란입니다. 해당 서류는 포워더가 수출자에게 발급하는 B/L(HOUSE B/L이라고 합니다)로 일반적으로 NOTIFY PARTY에는 수입자(CONSIGNEE) 정보가 동일하게 기입됩니다. HOUSE B/L와 함께 언급되는 MASTER B/L의 경우 선박회사가 발급하는 서류로 수입자(COSIGNEE)란에는 수입지에서 물류를 처리하는 포워더명이 기입됩니다. 수입기업의 경우 MASTER B/L을 보실 일은 없기에 예시로 보여드리는 HOUSE B/L만 검토하시면 되겠습니다.

❹ OCEAN VESSEL / VOYAGE. NO: 선박 이름과 운항명을 뜻합니다.

❺ 출도착지 항구명:
- Port of Loading: 선적의 항구로 수출지 항구를 의미합니다. 줄여서 P.O.L라고 부릅니다.
- Port of Discharge: 양하의 항구로 수입지 항구를 의미합니다. 줄여서 P.O.D라고 부릅니다.

해당 건의 경우 천진항(Tianjin)에서 인천항(Incheon)으로 수입되는 건임을 확인할 수 있습니다.

❻ Marks and Numbers: 화인 및 입력정보를 의미합니다. 화인(SHIPPING MARK)이란 타인의 화물과 내 화물을 구분하기 위해 표기하는 행위입니다. 해상FCL로 진행하게 될 경우에는 수입자는 하나의 컨테이너를 단독으로 사용하게 되기에 컨테이너 내 적재된 화물은 모두 특정 수입기업의 것입니다. 따라서 컨테이너에 담긴 개별 포장화물의 정보를 기입하기 보다는 컨테이너 외부에 표기된 컨테이너 넘버(Container No) 및 컨테이너를 봉인하는 씰(SEAL) 넘버가 해당 서류에 기입되게 됩니다. 그러나 해상LCL의 경우 하나의 컨테이너 다수의 수입자 화물이 적재됩니다. 따라서 박스나 파렛트에 '회사명 / 원산지 / 상품명'와 같이 별도로 표기하지 않으면 화물이 섞이거나 오배송 될 확률이 높습니다. 그래서 해상LCL은 포장 겉면에 화인을 처리하고, B/L 서류에는 포장에 기입된 화인(SHIPPING MARK) 정보들이 입력됩니다. [그림 7-1-1]의 ❻은 FCL인 경우를, [그림 7-1-2]의 빨간 테두리에 담긴 정보는 LCL인 경우입니다.

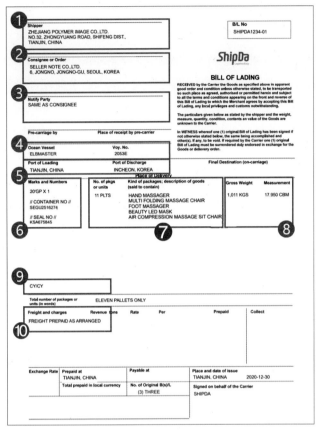

▲ 그림 7-1-1

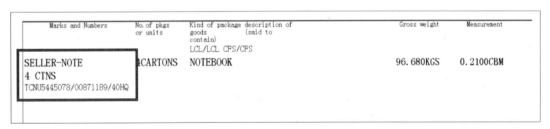

▲ 그림 7-1-2

❼ 상품 정보 및 포장

• No. of pkgs or units: 포장의 개수를 의미합니다. 11PLTS(11파렛트)로 표기되었습니다. 실제 수출자와 협의된 포장 개수가 동일한지 체크하시면 됩니다. 또한 뒤에서 살펴볼 PACKING LIST에 기재된 정보와 일치하는지도 함께 살펴봐야 합니다.

• Description of goods: 상품 정보입니다. 상품명이 기재됩니다.

❽ 총 중량 및 부피

- Gross weight(총 중량): 포장까지 포함한 화물의 총 중량을 의미합니다. 마찬가지로 뒤에서 살펴볼 PACKING LIST에 기재된 정보와 일치하는지 체크하시면 됩니다. 1,011KG의 중량을 가진 화물입니다.

- Measurement(총 부피): 포장까지 포함한 화물의 총 부피를 의미합니다. 마찬가지로 뒤에서 살펴볼 PACKING LIST에 기재된 정보와 일치하는지 체크하시면 됩니다. Measurement 대신 Volume이 기재되기도 합니다. 동일한 의미입니다. 17.95CBM의 부피를 가진 화물입니다.

❾ FCL과 LCL을 구분할 수 있는 영역: CY/CY라고 기재되어 있는 부분을 살펴보겠습니다. 좌측은 수출지 (CY) / 우측은 수입지(CY)를 의미합니다. 해당 해상운송 건이 수출지에서 실질적으로 어디서 출발했는지를 의미합니다. CY는 Container yard로 간단하게 항구를 떠올리시면 됩니다. 수출지에서 컨테이너(FCL)로 시작하여 수입지에서 컨테이너(FCL)로 도착함을 안내하는 문구입니다. [그림 7-1-2]에는 표기되지 않았지만 일반적으로 FCL/FCL, CY/CY가 함께 기재되는 편입니다.

[그림 7-1-3]의 경우 해상LCL 서비스로 수입이 됨을 의미합니다. 해상운송이 시작된 범위가 FCL과 달리 수출지 CFS(컨테이너 적입하는 장소)에서 시작해서 수입지 CFS(컨테이너 적출하는 장소)로 끝이 나기에 LCL/LCL, CFS/CFS로 기재가 되었습니다.

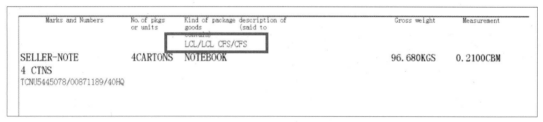

▲ 그림 7-1-3

❿ 운임 선불/착불(FREIGHT PREPAID / FREIGHT COLLECT): ❿번 항목까지 이해하시면 무역을 모두 이해 하셨다고 보셔도 무방합니다. FREIGHT PREPAID는 운임을 수출지에서 사전에 지불한다. 즉, 선박회사에서 '선불로 지불했음'을 나타내는 용어입니다. 이와 상반되는 개념으로 FREIGHT COLLECT는 운임을 수입 지에서 지불하는 것으로, '착불로 지불한다.'를 나타내는 용어입니다. 일반적인 경우 FREIGHT PREPAID(선불)의 경우 인코텀즈 C,D 조건에서 표기됩니다. 그리고 FREIGHT COLLECT(착불)의 경우 인코텀즈 E,F 조건에서 표기됩니다.

- 인코텀즈 C조건: 수출자는 수입지 항구까지 화물을 운송해야 할 의무가 있습니다. 의무가 있는 만큼 수출자는 본인이 국제물류비를 산출하고 수입자에게 전하는 견적서에 이를 포함시킵니다. 수입자 입장에서는 미리 수출자에게 국제물류비를 지불하게 됩니다. 따라서 수출자는 수출지에서 선박 운임을 지불하고 운송을 처리하게 됩니다. 따라서 C조건에서는 FREIGHT PREPAID가 일반적으로 표기되는 것입니다. D조건도 마찬가지입니다.

- 인코텀즈 F조건: 수출자는 수출지 항구까지만 화물을 운송할 의무가 있습니다. 따라서 수입자에게 전달하는 견적서 내 국제물류비는 포함되어 있지 않습니다. 따라서 수입자 입장에서는 선박 운임을 사

전에 지불하지 않게 되고, 도착했을 때 이를 정산하게 됩니다. 따라서 F조건에서는 착불이 일반적이며 FREIGHT COLLECT가 기재될 것입니다. E조건도 마찬가지입니다.

```
CY/CY                         COPY NOT NEGOTIABLE
                              SHIPPER'S LOAD, STOWED, COUNT AND SEALED
CONTR NO / SEAL NO.           FREIGHT COLLECT
SKLU1821532/946528/20GP       SHIPPED ON BOARD 16/12/2020
```

▲ 그림 7-1-4

해당 B/L(선하증권)은 Original B/L과 Surrender B/L로 나눌 수 있습니다. 수입자는 수출자와 협의 후 다음과 같은 2가지 방법으로 진행할 수 있습니다.

❶ Original B/L: 수출사에게 원본서류를 받아 수입통관을 진행합니다. 해당 방식으로 B/L이 발행되면 원본서류가 없을 경우 화물을 수취할 수 없습니다. 정석적인 무역방법입니다. 화물이 선적된 이후 해운회사로부터 B/L서류를 발급받아 수출자가 수입자에게 우편 혹은 특송으로 보내줘야 합니다. 그런데 중국의 경우 Original B/L이 수입자에게 도착하는 시기보다 화물이 한국에 도착하는 시기가 빠른 경우가 있어, 서류를 수취하지 못하는 동안 통관이 지연됨에 따라 창고보관료가 발생하고, 납기가 지연되는 경우가 발생하기 때문에 Original B/L 대신 주로 ❷ Surrender B/L로 처리합니다.

❷ Surrender B/L: 수출자에게 B/L 서류에 Surrender(소유권 효력정지)를 요청해야 합니다. 위와 같이 진행하기 위해서는 우선 수출자에게 대금을 모두 지불해야 합니다. 수출자도 화물의 소유권을 포기하는 것이기 때문에 대금을 100% 지급받았을 경우에만 Surrender 처리를 해줍니다. 해당 처리가 완료되면 수입자는 Surrender가 처리된 B/L 서류만 전달받으면 화물을 수취할 수 있습니다. 일반적으로 본 처리를 요청하게 되면 포워더 측에서 추가적인 업무처리 수수료를 요청하게 됩니다.

LESSON

02

PACKING LIST(패킹리스트)

PACKING LIST(패킹리스트)는 화물 명세서로 포장된 화물의 부피/중량/수량 등의 정보 등이 기입됩니다. 양식은 별도 정해진 것이 없고 수출자들이 각자의 양식을 이용합니다. 주로 확인하실 부분은 빨간색 영역입니다. 각 화물의 중량 및 부피정보가 제대로 기입되었는지 그리고 해당 정보들이 B/L 서류와 일치하는지를 살펴봐 주시면 되겠습니다.

❶ Q'ty

Quantity(수량)의 약자입니다. 밑 (PLT)와 (PCS)는 PLT - PALLTETS(파렛트), PCS - PIECES(수량)를 의미합니다. 파렛트 포장 내 몇 개의 화물이 포함되어 있는지를 보여줍니다. 사전 논의된 수량에 맞게 적재가 되는지를 봐주셔야 합니다.

❷ N/W

Net Weight의 약자로 순중량을 의미합니다. G/W(Gross Weight)가 포장과 상품의 중량 합이라면 N/W는 상품의 중량만을 의미합니다.

❸ G/W & Measurement

총 중량&부피입니다. 4번 항목에 값이 기재되어 있는데, B/L에 입력된 값과 동일한지 확인해야 합니다.

❹ 부피(CBM): 13.65 / 중량(KG): 1,011

Lesson 01에서 살펴본 B/L에 기재된 부피와 상이합니다. 이럴 경우 반려되어 정정이 필요하게 됩니다. 선박에 선적할 때에는 서류 마감(DOCUMENT CUT-OFF) 시간이 있는데, 정정이 되지 않을 경우 해당 선박 선적 및 출항을 못 할 수 있습니다. 따라서 추후 발견하셔서 급하게 정정하지 마시고, 사전에 정보를 정확하게 확인하시는 것이 필요합니다.

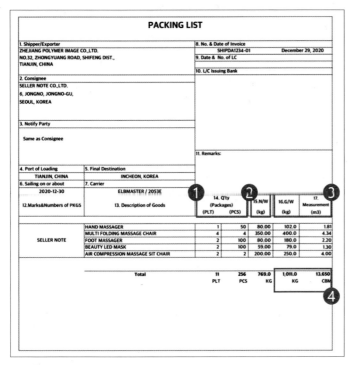

▲ 그림 7-2-1

COMMERCIAL INVOICE(커머셜 인보이스)

COMMERCIAL INVOICE(커머셜 인보이스)는 상업송장이라는 매매계약서로, 상품 단가 등이 기재됩니다. 패킹리스트와 마찬가지로 수출자가 본인이 편한 서류양식에 맞게 기입합니다. 해당 서류에서는 내가 구매한 금액에 맞게 인보이스가 작성되었는지를 확인해주시면 됩니다.

❶ Amount(USD)

상품의 가격이 기재됩니다. 각 상품별로 금액과 수량이 기재되어 있습니다. 내가 구매한 금액과 일치하는지 살펴보시면 됩니다. 인보이스마다 조금씩 다른 특징들을 가지고 있는데 일반적으로 상품 가격은 협의된 인코텀즈에 따라 인코텀즈 가격이 기재됩니다. 예를 들어, EXW조건으로 거래 시 EXW PRICE로 FOB조건으로 거래 시 FOB PRICE가 금액으로 기재됩니다.

❷ TOTAL AMOUNT

내가 수출자에게 지불하는 총액과 서류에 표기된 금액이 일치하는지 확인하면 됩니다. 세관에서는 수입하는 상품의 HS-CODE에 따라 관세율을 부과합니다. 그리고나서 CIF 금액에 관세율을 곱해 관세를 청구하게 되는데요. CIF 금액을 어떤 기준으로 판단할 것이냐는 질문이 생기게 될 것입니다. 바로 지금 학습한 Commercial invoice를 바탕으로 CIF 금액이 결정됩니다. 세관에서는 포워더로부터 받은 물류비 명세서를 바탕으로 INVOICE에 기재된 금액을 종합하여 CIF 가격을 확인하고 관부가세를 결정합니다. 그렇다는 이야기는 해당 서류에서 상품 가격을 조작하면 관세를 덜 낼 수 있다는 의미로 여겨지는데요. 과연 사업자통관을 진행하는데 있어 관세를 줄이기 위해 상품금액을 인위적으로 줄이는 언더밸류(UNDERVALUE) 행위가 이득일까요?

일단 불법이고, 실질적으로 비용을 줄이지 못합니다. 추후 수입통관을 마치시게 되면 세관으로부터 세금계산서를 발행 받습니다. 이때 이 세금계산서는 추후 부가세 납부 시 매입자료로 사용되게 됩니다. 그런데 관세를 줄이기 위해서 상품 금액을 줄이게 된다면, 관세는 일부 혜택 볼 수 있을지는 모르겠지만 매입가가 적어지기 때문에 추후 부가세를 덜 돌려받게 되거나, 더 납부해야 되는 경우가 발생합니다. 단순히 관세의 측면으로만 바라보실 것이 아니라 크게 세금의 측면에서 내게 유리한 것이 무엇인지를 착안해야 하겠습니다.

COMMERCIAL INVOICE

1. Shipper/Exporter ZHEJIANG POLYMER IMAGE CO.,LTD. NO.32, ZHONGYUANG ROAD, SHIFENG DIST., TIANJIN, CHINA		8. No. & Date of Invoice SHIPDA1234-01 December 29, 2020		
		9. Date & No. of LC		
		10. L/C Issuing Bank		
2. Consignee SELLER NOTE CO.,LTD. 6, JONGNO, JONGNO-GU, SEOUL, KOREA				
3. Notify Party Same as Consignee		11. Remarks:		
4. Port of Loading TIANJIN, CHINA	5. Final Destination INCHEON, KOREA			
6. Sailing on or about 2020-12-30	7. Carrier ELBMASTER / 2053E			
12.Marks&Numbers of PKGS	13. Description of Goods	14. Q'ty (PLT) PCS	15. U/P (USD)	16. Amount (USD)
SELLER NOTE	HAND MASSAGER	1 50	29.00	1,450.00
	MULTI FOLDING MASSAGE CHAIR	4 4	495.00	1,980.00
	FOOT MASSAGER	2 100	45.00	4,500.00
	BEAUTY LED MASK	2 100	80.00	8,000.00
	AIR COMPRESSION MASSAGE SIT CHAIR	2 2	550.00	1,100.00
	Total	11 256 PLTS PCS		17,030.0 USD

▲ 그림 7-3-1

04

AIR WAYBILL(항공운송장)

AIR WAYBILL은 B/L(선하증권)과 다르게 '소유권'이 있는 증권서류는 아니고 단순한 운송장 서류입니다. 따라서 단순 수취증에 불과하여 운송장을 소지하더라도 화물의 인도를 청구할 수 없습니다. 또한 B/L(선하증권)은 해상운송에서 사용됨에 반하여 AIR WAYBILL은 항공운송에서 사용됩니다.

❶ 해상운송: B/L + C/I + P/L - 1SET
❷ 항공운송: AIR WAYBILL + C/I + P/L - 1SET

기본적으로 기재되는 사항과 발급절차 및 이후 프로세스는 B/L(선하증권)과 유사합니다. 이태리 밀라노공항에서 인천공항으로 FCA조건으로 진행한 건을 예제로 들어보겠습니다. 서류는 의뢰하시는 포워더마다 조금씩 상이합니다. 참조 정도만 하시면 되겠습니다.

❶ Shipper's Name and Address: 수출자 정보가 기재됩니다.
❷ Consignee's Name and Address: 수입자 정보가 기재됩니다.
❸ Issuing Carrier's Agent Name and City: Air waybill을 발행하는 포워더 회사 정보가 기입됩니다.
❹ Airport of Departure: 출발지 공항명이 기재됩니다. (예 밀라노 공항)
❺ By first Carrier: 항공사명이 기재됩니다. (예 대한항공)
❻ Airport of Destination: 도착지 공항명이 기재됩니다. (예 인천공항)
❼ Flight / Date: 항공기종 / 출발일이 기재됩니다.
❽ Gross weight / C.W(Chargeable Weight): 총중량 / 총중량과 총부피를 비교하여 큰 값

❾ Nature and Quantity of Goods (incl. Dimensions or Volume): 상품정보가 기재됩니다. (예 소금, 소스, 트러플 등)

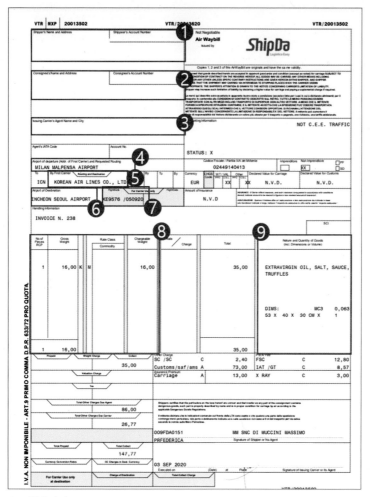

▲ 그림 7-4-1

08

무역심화 _ 수출지 출고지에서 부터 수입 진행 (인코텀즈 EXW 활용)

수출지 출고지에서부터 업무를 책임지는 EXW조건으로 거래 시 수입절차, EXW조건 하에서 수입물류비 견적과 개당 매입원가 계산 방법에 대해서 살펴보겠습니다.

01

EXW조건 무역거래 수입절차 진행하기

수출지 출고지에서부터 업무를 책임지는 EXW조건으로 거래 시 수입절차에 대해서 함께 살펴보도록 하겠습니다. 수출자가 무역거래 경험이 없거나, 운송 관련해서 업무적으로 관여하고 싶지 않을 때 'EXW조건'을 활용하여 거래가 진행됩니다.

샘플 종료 후 본품 주문 시 수출자와 나눠야 하는 대화 예시를 통해 무역 프로세스를 살펴보도록 하겠습니다.

액션 1 대량 주문 요청(수입자 – 수출자)

수입자: 샘플은 잘 받아보았습니다. 이번에는 대량 주문을 하고 싶습니다.

수출자: 몇 개나 필요하신가요?

 수입자(IMPORTER)

I received the sample well.
I'd like to place a bulk order this time.

 수출자(EXPORTER)

Sure, How many pieces do you need?

▲ 그림 8-1-1

액션 2 주문 수량 및 원가 협의(수입자 – 수출자)

수입자: 3,000개 정도 필요합니다. 상품 원가는 어떻게 될까요?

수출자: 개당 $5입니다.

수입자(IMPORTER)

I need about 3,000 of them, What will
be the EXW PRICE of the product?

수출자(EXPORTER)

It´s $5.00 per pcs

▲ 그림 8-1-2

액션 3 무역조건 협의(수입자 – 수출자)

수입자: 이번 거래 시, 무역조건은 EXW로 하고 싶습니다.

수출자: 네, 물론 가능합니다. 포워더가 정해지면 그들의 정보를 알려주세요.

수입자(IMPORTER)

I would like to proceed with this trade
deal under the condition of EXW

수출자(EXPORTER)

Yes, of course it's possible.
Please let me know the information
when the forwarder is decided.

▲ 그림 8-1-3

액션 4 EXW 물류비 확인을 위해 출고지 주소 문의(수입자 – 수출자)

수입자: 상품을 출고하는 공장의 주소가 어떻게 되나요?

수출자: 주소는 OOO(실제 상품의 출고지 주소 안내, 아래 주소는 예시) 입니다.

수입자(IMPORTER)

What is the product's factory address?

수출자(EXPORTER)

SUZHOU INDUSTRY
DISTRICT XINGPU ROAD NO. 108

▲ 그림 8-1-4

액션 5 EXW 물류비 확인을 위해 수출지 경유지 항구명 문의(수입자 – 수출자)

수입자: 출고지에서 가장 가까운 항구를 알고 싶습니다.

수출자: 상해항이 제일 가깝습니다. 수출 진행 시, 주로 상해항을 통해 진행합니다.

수입자(IMPORTER)

I'd like to know the nearest port to the factory

수출자(EXPORTER)

Shanghai Port is the closest.
We usually export this way.

▲ 그림 8-1-5

액션 6 EXW 물류비 확인을 위해 화물 디테일 문의(수입자 – 수출자)

수입자: 안내 감사드립니다. 물류비 확인을 위해 3,000개를 구매했을 때, 포장된 화물의 부피와 중량은 어떻게 되는지 알려주세요.

수출자: 한 박스 기준으로 부피는 80×80×80CM, 25KG입니다. 총 20박스입니다.

R.TON 단위로 계산해본 결과 10.24이라는 값이 나왔습니다. 정확한 것은 비교해봐야 하겠지만 12R.TON이 넘을 경우 FCL, 이하인 경우 LCL을 이용하는 것이 물류비 측면에서 저렴합니다. 이럴 경우 해상LCL을 이용해서 수입을 진행합니다. 어떤 운송수단으로 선적하는 것이 좋을지 판단되지 않는 경우 수출자 혹은 포워더에게 조언을 구해보시면 됩니다. 해당 정보까지 확인한 후 쉽다(포워더)로부터 물류비용을 확인합니다. Lesson 02를 참조합니다.

수입자(IMPORTER)

Thank you for the information. Please let me know the volume and weight of the packed cargo when I purchase 3,000 units to check the shipping cost.

수출자(EXPORTER)

80×80×80cm, 25kg - 1box Total 20 box

▲ 그림 8-1-6

액션 7 관부가세, 수입요건 확인을 위해 HS-CODE 문의(수입자 - 수출자)

물류비 확인 이후 수출자로부터 관세율과 수입요건을 확인할 수 있는 HS-CODE를 확인합니다.

수입자(IMPORTER)

Can you tell me HS-CODE?

수출자(EXPORTER)

The HS-CODE is 8509-80-1000

▲ 그림 8-1-7

액션 8 관부가세, 수입요건 확인을 위해 HS-CODE 전달(수입자 - 수출자)

관세사에게 수입하고자 하는 국가명 / 상품명 / HS-CODE를 제공합니다. 필요 시, 상품의 용도와 재질도 함께 안내가 필요합니다.

수입자(IMPORTER)

안녕하세요. 중국에서 커피그라인더를 수입하려고 합니다. 수출자가 알려준 HS-CODE는 8509-80-1000입니다. 관세율과 수입요건을 확인하고 싶습니다.

관세사(CUSTOMS BROKER)

기본세율 8%, 한-중 FTA 협정세율 2.4% 입니다. 세관장 확인 대상으로 '전기용품 및 생활용품 안전관리법'에 의거하여 KC인증을 취득해야 하고, '수입 식품안전관리 특별법'에 의거하여 식약처로부터 검역을 받아야 합니다.

▲ 그림 8-1-8

액션 9 원산지 라벨 처리상태 확인 및 피드백 받기(수입자 - 수출자/관세사)

액션 8에서의 수입요건을 해결했으면 통관 시 이슈가 될 수 있는 '원산지 라벨'을 체크합니다. 수입자가 원산지 라벨 표기가 잘되었는지 자체 판단하기 보다는, 라벨 처리되어 있는 상품 사진을 수출자로부터 전달받아 관세사에게 문의하는 것이 일을 정확하고 빠르게 처리할 수 있는 효율적인 방법입니다.

수입자(IMPORTER)

Can you show me the picture of how the country of origin label is attacthed?

수출자(EXPORTER)

Sure.

▲ 그림 8-1-9

원산지 라벨이 표기된 사진을 관세사에게 전달하면 관세사가 이대로 진행하면 될지를 판단하여 줍니다. 만약 관세사가 별도 피드백을 준 내용이 있다면, 피드백 내용에 맞게 수출자에게 수정을 요구하면 됩니다. 관세사에게 컨펌 받을 때까지 내용을 반복하면 됩니다.

수입자(IMPORTER)

수출자로부터 원산지 라벨이 표기된 사진을 받았습니다. 이렇게 처리하면 될지 판단 부탁드립니다.

관세사(CUSTOMS BROKER)

네, 그렇게 진행하시면 됩니다.

▲ 그림 8-1-10

액션 10 원산지 증명서 발급유청(수입자 - 수출자)

마지막으로 관세율을 합법적으로 절감하기 위해 수출자가 FTA 원산지증명서를 발급해줄 수 있는지를 체크합니다. 만약 수출자가 FTA 원산지증명서를 발급을 할 수 없다면, 원산지증명서 대행이 가능한 포워더에게 별도 의뢰합니다.

수입자(IMPORTER)

Can you issue FTA C/O?

수출자(EXPORTER)

Yes, it's possible. it's $40.

▲ 그림 8-1-11

모든 과정이 완료되었습니다. 이제 마지막으로 Lesson 02에서 포워더로부터 물류비를 확인하고 Lesson 03에서 최종 매입원가 및 개당 매입원가를 계산하여 상품을 구매할지를 최종적으로 결정합니다. 이후 수출자에게 거래확약 결제창(Trade assurance payment)을 오픈해달라고 요청하고 결제합니다.

수입자(IMPORTER)

Please make a invoice by Trade assurance payment

수출자(EXPORTER)

Okay, I will

▲ 그림 8-1-12

액션 11 수입운송을 위한 포워더 협업(수입자 – 포워더)

결제 이후 수입자는 포워더와 업무를 진행합니다. 수입자가 지정한 포워더는 수출자에게 컨택을 시도합니다. 정확하게는 수입자 포워더가 지정한 수출지 포워더가 수출자에게 컨택합니다. (포워더에게 수출자 정보를 안내해야 컨택이 진행됩니다. Lesson 02에서 방법을 확인할 수 있습니다.)

이후 수출자가 포워더에게 화물준비 일정(Cargo ready)를 안내하고 선적 스케줄을 수립합니다. 이후 포워더는 수립된 일정대로 진행하는 것을 수입자에게 컨펌 받기 위해 연락을 취합니다. 해당 일정대로 진행을 희망하시는 경우 '컨펌(Confirm)'하시고, 일정 조정을 희망하시는 경우 희망일정을 이야기합니다. 스케줄이 컨펌되면 포워더는 해운/항공회사에 선적예약(Booking)을 진행합니다. 별도 이슈사항이 없을 경우, 예정된 일정대로 선적이 진행됩니다. 코로나 사태 이후 높은 운임을 지불하더라도 선적이 어려워지는 경우들이 잦게 발생하고 있으니 출항 2주전부터 미리 부킹을 하는 것이 좋습니다.

ShipDa
쉽다(FORWARDER)

화물 준비 일정은 21년 3월 1일입니다.
예상 출항 일정(ETD): 21년 3월 7일
예상 도착 일정(ETA): 21년 3월 9일
이대로 진행하면 될지 확인 부탁드립니다.

수입자(IMPORTER)

네, 해당 일정대로 진행해주세요.

▲ 그림 8-1-13

액션 12 수입통관 준비를 위한 포워더와의 커뮤니케이션(수입자 – 포워더)

정상적으로 출항된 이후 물류비 및 통관비용을 정산하기 위해 포워더에게 수출서류를 전달해야 합니다. 필수서류는 C/I, P/L이며, 관세혜택을 적용 받고 싶을 경우 FTA C/O 서류까지 함께 전달합니다. 포워더는 본인이 지정한 관세사에게 전달 받은 서류와 물류정산서를 전달합니다. 수입자가 직접 관세사를 지정하고자 하는 경우 '관세사 정보'를 포워더에게 전달하면 됩니다.

액션 13 실제 화물 부피/중량에 따라 수입물류비 정산_해상 LCL(수입자 – 포워더)

한국에 화물이 도착하면 포워더는 수입자에게 물류비용을 정산 요청합니다. 포워더가 수입자에게 제공하는 거래명세서는 실제 선적된 부피/중량 및 실비사항을 바탕으로 재산출 됩니다. 예를 들어, 수입자가 포워더에게 안내한 R.TON값이 10.24인데, 실제로 9R.TON이 나왔으면 실제 비용은 적어집니다. 혹은 반대로 11R.TON이 측정되었으면 실제 비용은 더 많아집니다. 해당 기준은 B/L에 적힌 부피/중량을 바탕으로 처리됩니다.

액션 14 수입통관 신고 및 관부가세 정산(수입자 – 포워더/관세사)

물류비용 정산이 완료되면 관세사를 통해 수입통관 신고를 진행합니다. 포워더를 통해 관세사를 소개받으셨을 경우 통관비용 또한 포워더를 통해 일괄 정산이 가능하고, 본인이 지정한 관세사와 협업하실 경우 관세사로부터 통관비용을 정산하시면 됩니다.

(별지 제5호 서식)

납부영수증서[납부자용]

File No :
B/L No. : SJLHHF1215BC

납부자 사업번호 : 543-13-01049

회계구분	관세청소관 일반회계		납부기한	2021년01월07일
회계년도	2021	담당부서 :	발행일자	2020년12월28일

수입징수관 계좌 번호	110288	납부사 번호	(0127) 020-11-20-0-238098-6	납기내 금액	246,490
※수납기관에서는 위의 굵은 선 안의 내용을 즉시 전산입력하여 수입징수관서에 EDI방식으로 통지될 수 있도록 하시기 바랍니다.				납기후 금액	

수입신고번호	14068-20-100204M		수입징수관서	인천세관	
납부자	성명	이**	상호		
	주소				
관세	104,890	교통에너지환경세		개별소비세	
주세		교육세		부가가치세	141,600
농어촌특별세		가산세(보정이자)			

납부일자별	납부할 금액	납부일자별	납부할 금액

납부시 아래 <안내말씀>을 참조하여 주시기 바랍니다. 년 월 일 수입징수관 인천세관	위 금액을 정히 영수합니다. 영수일 년 월 일	영수인 PC 뱅킹

<안내말씀>

1. 위 금액을 납부기한까지 은행, 우체국에 납부하시기 바랍니다. (각 은행의 인터넷 뱅킹(세금/공과금>관세) 또는 신용카드납부서비스 (www.cardrotax.or.kr 참조, 365일 가능. 납부대행수수료 0.8%(직불카드는 0.5%) 납세자 부담)를 이용하면 편리하게 납부하실 수 있습니다.
2. 납부기한 경과시에는 미납부세액에 납부지연가산세를 가산하여 납부하여야 합니다.
(최초 납부기한 경과시 3%, 매 1일 경과시 0.025% 추가가산, 추가가산은 고지금액이 100만원 이상인 경우에 한하여 5년까지 가산)
3. 납부일(영수일)에 해당하는 납부할 금액을 납부하여 주시기 바라며, 고지서 기재일자 이후 금액은 당당자에게 문의하여 주시기 바랍니다.
4. 분할납부승인을 받은 세액을 체납시(위 납부기한내에 미납한 경우)에는 미납세액 전액을 즉시 일괄징수하게 됩니다.
5. 이 고지세액에 이의가 있으면 이 고지서를 받은 날로부터 90일 이내에 이의 신청을 하거나 심사청구 또는 심판청구를 할 수 있습니다.
6. 자세한 설명은 관세청 홈페이지(www.customs.go.kr) 관세청 업무안내 코너를 참조하시기 바랍니다.

▲ 그림 8-1-14

액션 15 최종 내륙운송 진행 및 수령(수입자 – 포워더)

통관이 정상적으로 완료되면 화물 내륙운송 기사를 배차하여 최종도착지로 상품을 운송합니다. 이후 상품을 수령하시면 모든 절차가 완료됩니다.

02

EXW조건 하에서 수입물류비 견적확인

액션 1 쉽다 서비스 내에서 수입물류비 확인(수입자 – 포워더)

수출지 출고지에서부터 최종도착지까지의 물류비를 알아야 최종 원가를 확인할 수 있습니다. 디지털 수입물류 포워딩 서비스 – 쉽다(SHIPDA)에서 EXW조건일때의 물류비를 산출합니다. 앞에서 언급한대로 R.TON이 10.24로 해상LCL로 진행하며, EXW조건 수입물류비를 산출하기 위한 준비사항은 다음과 같습니다.

❶ 수출자 출고지 주소
❷ 포장된 화물의 부피/중량
❸ 한국 최종도착지 주소

위 3가지로 물류비 산출이 가능하고, ❶, ❷는 수출자로부터 확인, ❸은 수입자가 결정하면 됩니다. 서울시 관악구로 물건을 받고자 가정하고 아래와 같이 정리할 수 있습니다.

❶ **수출자 출고지 주소:** SUZHOU INDUSTRY DISTRICT XINGPU ROAD NO. 108
❷ **포장된 화물의 부피/중량:** 80×80×80cm, 25kg – 1box, Total 20box
❸ **한국 최종도착지 주소:** 서울시 관악구

1 _ 쉽다 사이트 접속 – 즉시 견적조회 tab 클릭

• 쉽다: www.ship–da.com

▲ 그림 8-2-1

2 _ 운송수단 및 지역결정

수출지 출고지에서부터 수입자가 상품을 가져와야 하기 때문에, 쉽다(포워더)에게 의뢰할 업무 범위 또한 '수출지 출고지 ~ 최종도착지'가 됩니다.

❶ **운송방법:** 본 케이스에서는 해상LCL로 수입을 진행해야 하기 때문에 해상운송을 선택합니다.

❷ **출발지:** 항구(PORT)와 내륙(DOOR)를 선택할 수 있습니다. 수출지 출고지에서부터 쉽다(포워더)가 픽업해야 하기 때문에 '내륙(DOOR)'를 클릭합니다.

❸ **국가명:** 픽업해야 하는 국가명을 선택합니다. (**예** 중국)

❹ **출고지 주소 입력:** 수출자로부터 안내된 '출고지 주소'를 입력합니다. (**예** SUZHOU INDUSTRY DISTRICT XINGPU ROAD NO. 108)

❺ **경유지 항구:** 수출지에서 어떤 항구를 통해서 수입을 할 것인지를 입력합니다. 수출자로부터 안내된 '출발지 경유지 항구명'을 입력합니다. (**예** 상해항 / SHANGHAI PORT) 만약 수출자가 어떤 항구가 좋을지 판단하기 어렵다고 이야기 하는 경우, 중국 항구를 임의로 선택하고 쉽다(포워더)에게 판단을 맡기셔도 되겠습니다. 잘 모르실 경우 '위해항(WEIHAI PORT)'를 입력하시고 마지막 단계인 '코멘트'를 남기는 창에 '임의로 선택했다'고 남겨주시면 됩니다.

▲ 그림 8-2-2

❻ **도착지:** 항구(PORT)와 내륙(DOOR)를 선택할 수 있습니다. 예를 들어, 화물이 인천항에 도착하면 수입자가 자차로 직접 픽업하거나, 트럭기사를 본인이 직접 선정하여 업무를 처리하고 싶은 경우에는 '항구(PORT)'를 선택합니다. 그러나 일반적으로 포워더에게 '내륙(DOOR)'까지 의뢰합니다. 본 케이스에서는 포워더에게 최종도착지(예: 서울시 관악구)까지 의뢰하고자 했으니 '내륙(DOOR)'를 선택합니다.

❼ **경유지 항구:** 최종도착지와 가장 가까운 항구(PORT)를 입력 및 선택합니다. 예로 든 '서울시 관악구'의 경우 인천항이 제일 가깝기 때문에 본인의 판단 하에 항구명을 선택하면 됩니다. 국내 항구는 꽤 많습니다만 주로 이용하는 항구는 '인천항 / 부산항' 입니다.

❽ **내륙주소:** 상품을 수령할 최종도착지 주소를 시/군/구 단위로 입력하고 선택합니다. (**예** 서울시 관악구)

❾ **인코텀즈:** 선택하신 사항을 바탕으로 웹 페이지에서 인코텀즈가 자동 안내됩니다.

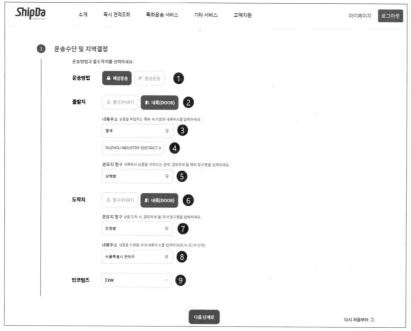

▲ 그림 8-2-3

9가지 사항을 모두 입력하셨으면 다음 페이지로 이동합니다.

3 _ 화물 디테일 입력하기

❶ **운송타입:** 운송타입을 결정합니다. 10.24R.TON의 화물을 해상LCL로 진행할 것이기에 'LCL'을 선택합니다.

❷ **입력 유형:** '포장별 입력', '총 부피/중량 입력' 중 1가지를 선택합니다. '포장별 입력'의 경우에는 포장타입별 부피(가로×세로×높이), 중량 및 수량을 각각 입력하게 되어 있습니다.

'총 부피/중량 입력'의 경우에는 총 부피(CBM), 중량(KG)을 입력하게 되어 있습니다. 수출자가 '포장별'로 제원을 안내하였음으로 '포장별 입력'을 선택합니다.

❸ **포장타입:** 수출자가 안내한 포장타입을 입력합니다. 주로 파렛트(Pallets) 혹은 박스(Box, Carton) 단위로 진행됩니다. 수출자가 Box로 안내했기에 Box를 선택합니다.

❹ **품목:** 수입하고자 하는 상품명을 입력합니다.

❺ **위험물:** 화학류 상품을 수입하실 경우 위험물을 '예'로 선택해야 합니다. 대표적인 화학류 상품은 '배터리/배터리 내장 상품/화장품 등'이 있습니다. 커피 그라인더의 경우 비위험물 상품으로 별도 설정 없이 '기본값' 그대로 진행합니다.

❻ **2단적재:** 상품에 따라 2단 적재가 불가할 수 있습니다. 예를 들어 깨지기 쉬운 상품들이 대상입니다. 유리 제품의 경우 아무리 포장을 했더라도 내 화물 위에 타 화물이 올라가게 될 경우 깨질 수 있는 가능성이 있습니다. 이런 상품군의 경우 포워더에게 요청하여 2단 적재 불기를 신청하셔야 합니다. 다만 2단 적재 불가 상품을 선적할 경우 컨테이너 내부에 타 상품을 추가로 선적할 수 있는 공간을 빼앗기기 때문에 물류비가 추가 청구될 수 있습니다.

❼ **부피/부피단위:** 수출지로부터 확인된 부피 정보와 부피 단위를 입력합니다. 단, 개별 상품이 부피정부를 입력하는 것이 아니라 개별 상품을 포장한 포장화물(박스 혹은 파렛트 단위)의 부피 정보를 입력해야 합니다.

❽ **중량/중량단위:** 수출자로부터 확인된 중량 정보와 중량 단위를 입력합니다. 단, 개별 상품의 중량 정보를 입력 하는 것이 아니라 개별 상품을 포장한 포장화물(박스 혹은 파렛트 단위)의 중량 정보를 입력해야 합니다.

❾ **포장 수량:** 포장화물(박스 혹은 파렛트 단위)의 수량 정보를 입력합니다.

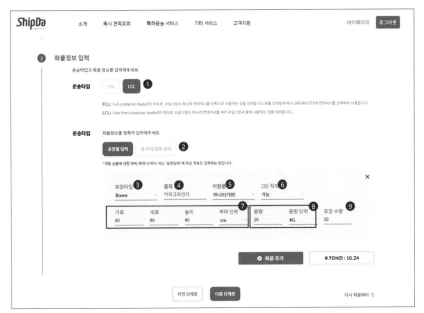

▲ 그림 8-2-4

EXW조건에서는 포장 타입을 '포장별 입력'으로 선택

EXW조건인 경우에는 '포장별 입력'으로 선택해야 합니다. '총 부피/중량 입력'으로 선택할 경우 부피가 CBM 단위로만 입력되는데, '수출지 출고지 –〉 수출지 항구'까지의 내륙운송료를 산출하기 위해서는 CBM 정보만으로는 견적 산출이 불가합니다. 정확히 어떤 차종으로 배차할지 판단하기 위해 '포장단위별 부피/중량/수량' 정보가 필요하기 때문입니다.

'총 부피/중량 입력'으로 선택 후 의뢰 주셔도 쉽다에서 내륙운송료 산출을 위해 포장타입별 부피/중량으로 안내해달라고 재문의가 요청됩니다. EXW조건인 경우 애초에 수출자에게 포장타입별 화물정보를 달라고 요청하시는 것이 좋겠습니다.

수입자: CBM 부피 단위가 아니라, 가로×세로×높이 부피 단위 정보를 알려 주실래요?
수출자: 네, 알겠습니다.

수입자(IMPORTER)

Can you give me the cargo volume
information in Width, Length, and
Height units, not in CBM units?

수출자(EXPORTER)

Ok, Sure

▲ 그림 8-2-5

위험물 상품 수입 시 갖춰야 할 서류: MSDS

MSDS는 Material Safety Data Sheet로 위험물을 수입하기 위해 해운회사/항공사에 제출해야 하는 필수 서류입니다. 상품을 판매하는 수출자가 보유하고 있습니다. 수출자에게 MSDS 서류를 전달해달라고 말씀하시면 됩니다. 만약 수출자가 보유하고 있지 않을 경우, 해운회사/항공사에서는 선적을 거부합니다.

수입자(IMPORTER)

Coule you give me the MSDS document?

수출자(EXPORTER)

Ok, Sure

▲ 그림 8-2-6

내 상품이 위험물인지 확인하기 위해서는 MSDS 서류에 기재되어 있는 'TRANSPORT INFORMATION'을 찾아보시면 됩니다. UN NO / CLASS를 확인하시면 됩니다. 해당란에 정보가 기입되어 있으면 '위험물'이고 정보가 기재되어 있지 않거나 'NONE'인 경우에는 '비위험물'로 분류됩니다.

MATERIAL SAFETY DATA SHEET

Issuing Date : 17-April-2020   Revision Date: 08-December-2020

14. TRANSPORT INFORMATION

<u>DOT</u>
UN/ID no   UN1266
Proper shipping name   3
Hazard class   II
Description   UN1266, PERFUMERY PRODUCT, 3, II, Ltd, Qty.

▲ 그림 8-2-7

MATERIAL SAFETY DATA SHEET

Issuing Date : 17-April-2020   Revision Date: 08-December-2020

14. TRANSPORT INFORMATION

<u>DOT</u>
UN/ID no
Proper shipping name
Hazard class
Description

▲ 그림 8-2-8

4 _ 체크 포인트 확인

지역과 화물정보를 모두 입력했으면 상세사항을 체크합니다. 쉽다에서는 일반적인 케이스를 '기본
값'으로 설정했기 때문에 수출자와의 별도 협의가 없는 경우에만 설정을 변경합니다.

❶ **합/독차:** 국내 내륙운송의 유형을 설정합니다. 합차/독차로 나누어져 있습니다. 합차는 국내 내륙운송 시, 하나의 트럭에 여러 수입자의 화물을 혼재하여 운송하는 것을 의미합니다. 단독으로 운송하는 독차 대비 저렴한 단가로 진행 가능합니다만 여러 수입자의 장소를 거쳐서 도착되기 때문에 소요시간이 조금 더 걸립니다. 일반적으로 3CBM/500KG 이하까지만 합차로 진행이 가능하고, 부피/중량이 해당 수치를 초과하는 경우에는 독차로만 진행 가능합니다. 쉽다에서는 둘 중 최저가격 기준으로 기본 설정됩니다.

❷ **LSS:** 저유황유할증료로 수출지에서 발생하는 견적 항목입니다. CHAPTER 6 – LESSON 02에서 학습했던 OCEAN SURCHARGE(해상운임 추가비용)에 속하는 'BAF&CAF&CRS'가 수입지에서 발생하는 비용임에 반하여 LSS는 수출지에서 발생합니다. EXW조건에서는 모든 물류 제반비용을 수입자가 지불하기 때문에 '포함'으로 설정됩니다.

❸ **OCEAN SURCHARGE:** 수입지에서 발생하는 'BAF&CAF&CRS'와 같은 해상운임 추가 비용을 의미합니다. 각 항목에 대한 설명은 'CHAPTER 6 – LESSON 03'에서 언급되었습니다.

❹ **국내 부대비용:** 'THC, WFG, DOC FEE 등'과 같이 국내에서 발생되는 부대비용입니다. 각 항목과 그에 따른 설명은 'CHAPTER 6 – LESSON 03'에서 언급되었습니다.

❺ **통관 업무의뢰:** 수입통관을 위해서는 관세사와의 협업이 필요합니다. 쉽다에 '통관 업무 의뢰'하는 경우 아이템별 전문 관세사를 매칭하여 안내 드립니다.

❻ **적하보험 가입:** 화물이 깨지기 쉽거나, 금액이 너무 높아 사고 발생 시 RISK를 없애기 위해서 가입하는 화물 보험입니다. 가입은 자율에 맡깁니다. 가입비는 일반적으로 '물품가격×110%×0.03%'입니다.

▲ 그림 8-2-9

모두 선택하셨으면 다음 단계로 넘어갑니다. 이후 입력했던 모든 정보를 다시 한 번 확인하고 하단 '견적 조회' 버튼을 클릭합니다. 수정할 내용이 있으면 '수정하기'를 클릭하여 내용을 정정합니다.

▲ 그림 8-2-10

EXW조건에서는 해외 비용을 확인해야 하기 때문에 즉각적인 견적조회가 불가합니다. 아래와 같은 화면이 노출되면 하단의 '운임 등록 요청'을 클릭합니다.

▲ 그림 8-2-11

이후 쉽다에 남기고 싶은 말들을 입력한 뒤 전송 버튼을 누르면 의뢰가 완료됩니다. 운임 요청 등록 시, 쉽다가 24시간 이내에 견적을 제공합니다. 이후 견적이 산출되면 수입자에게 이메일로 자동 안내됩니다.

▲ 그림 8-2-12

쉽다 서비스 내에서 프로세스 진행(수입자 – 포워더)

쉽다로부터 견적이 제출되면 [그림 8-2-13]처럼 자동 이메일이 전달됩니다. 이후 사이트를 로그인하여 견적서를 확인합니다. 요약된 정보를 확인할 수 있고, 상세 견적서 또한 다운로드가 가능합니다.

▲ 그림 8-2-13

마이페이지로 이동하면 의뢰 건을 확인할 수 있습니다. 우측 [견적가 수락/거절] 버튼을 클릭하시면 쉽다가 제출한 견적가를 확인하실 수 있습니다.

▲ 그림 8-2-13

이후 해당 페이지 하단에서 확인되는 견적이 마음에 드신다면 페이지 상단에서 보이는 '견적가 수락'
을 클릭하시면 됩니다.

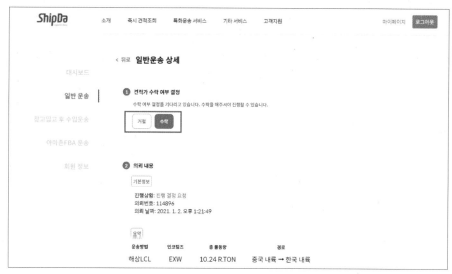

▲ 그림 8-2-14

▲ 그림 8-2-15

액션 3 쉽다 서비스 내에서 프로세스 진행(수입자 – 포워더)

견적가 수락 이후 [수출자 정보]를 입력합니다. 쉽다가 수출자와 컨택해야 물건을 수입할 수 있기 때문에 정보를 입력해 주셔야 업무의뢰를 마칠 수 있습니다. 수출자로부터 해당 정보를 수취하여 입력합니다.

※ 주의사항: 간혹 상품을 구매한 '수입자 정보'를 입력하신 경우들이 있는데, 수출자 정보를 기입해야 합니다.

▲ 그림 8-2-16

알아두기 ▶ E조건에서의 물류 상세견적서

E조건에서 포워더로부터 받는 견적서를 함께 살펴보겠습니다. 크게 '현지비용/해상운임/국내 부대비용'으로 나눌 수 있습니다. 수출지 출고지에서부터 포워더에게 운송의뢰를 하기 때문에 해외비용들이 견적서 내 포함됩니다.

❶ 현지비용: 수출지 출고지 ~ 수출지 항구까지의 제반 비용
❷ 해상운임: 수출지 항구 ~ 수입지 항구까지의 운임 비용
❸ 국내 부대비용: 수입지 항구 ~ 최종도착지까지의 제반 비용
❹ 이외 실비비용: 창고보관료 / 관부가세 / 세관검사비 등

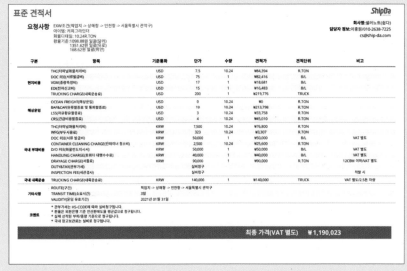

▲ 그림 8-2-17

위 견적서는 쉽다(SHIPDA)에서 제공하는 '소량화물 중간유통 비용제거 서비스 – '오션티켓'이 적용되지 않은 일반 견적서입니다. 따라서 화물이 한국 항구에 도착 후 당일 출고하시더라도 창고보관료를 모두 지불하셔야 합니다. 오션티켓이 적용되지 않은 물류비 견적은 약 119만원입니다. 여기에 해상LCL의 경우 창고보관료가 추가 청구됩니다. 당일 바로 출고하시더라도 R.TON 10.24 기준으로 인천항 창고보관료는 약 33만원입니다. 즉, 119만원+33만원 = 총 152만원 정도 소요됩니다. 오션티켓(OCEAN TICKET)을 적용받을 수 있는 쉽다(SHIPDA)가 아닌 타 포워더로부터 LCL 수입물류비를 확인하실 때에는 반드시 '창고보관료'가 실제 얼마 발생할지 문의하시고 진행해야 합니다.

오션티켓이 적용된 견적서는 다음과 같습니다.
❶ 현지비용: 수출지 출고지 ~ 수출지 항구까지의 제반 비용
❷ 해상운임: 수출지 항구 ~ 수입지 항구까지의 운임 비용
❸ 국내 부대비용: 수입지 항구 ~ 최종도착지까지의 제반 비용(창고보관료 7일 포함)
❹ 이외 실비비용: 창고보관료(7일 초과 시) / 관부가세 / 세관검사비 등

구분	항목	기준통화	단가	수량	견적가	견적단위	비고
현지비용	THC(터미널화물처리비)	USD	7.5	10.24	₩84,394	R.TON	
	DOC FEE(서류발급비)	USD	75	1	₩82,416	B/L	
	CUSTOMS CLEARANCE FEE(통관대행수수료)	USD	17	1	₩18,681	B/L	
	VGM(총중량측정비)	USD	15	1	₩16,483	B/L	
	EDI(전자신고비)	USD	15	1	₩16,483	B/L	
	TRUCKING CHARGE(내륙운송료)	USD	200	1	₩219,776	TRUCK	
해상운임	OCEAN FREIGHT(해상운임)	USD	5	10.24	₩565,923	R.TON	BASIC OCEAN이 포함
국내 부대비용	BASIC RATE(기본료)	KRW	100,000	1	₩100,000	B/L	VAT 별도
	DUTY&TAX(관부가세)		실비청구				
	INSPECTION FEE(세관검사)		실비청구				적발 시
국내 내륙운송	TRUCKING CHARGE(내륙운송료)	KRW	140,000		₩140,000	TRUCK	VAT 별도/2.5톤 차량
기타사항	ROUTE(구간)		픽업지 → 상해항 → 인천항 → 서울특별시 관악구				
	TRANSIT TIME(소요시간)		3일				
	VALIDITY(운임 유효기간)		2021년 01월 31일				

표준 견적서   ShipDa

요청사항 EXW소건(픽업시 → 상해항 → 인천항 → 서울특별시 관악구)
아이템: 커피그라인더
화물디테일: 10.24R.TON
환율기준:1098.88원 일괄(달러)
1351.62원 일괄(유로)
168.62원 일괄(위안)

회사명: 셀러노트(쉽다)
담당자 정보: 이종원/010-2638-7225
cs@ship-da.com

코멘트
* 관부가세는 HS-CODE에 따라 실비청구됩니다.
* 환율은 외환은행 기준 전신환매도율 평균값으로 청구됩니다.
* 실제 선적분 부피/중량 기준으로 청구됩니다.
* 국내 창고보관료는 1주 무료입니다.

최종 가격(VAT 별도)   ₩1,244,156

▲ 그림 8-2-18

03

EXW조건 하에서의 개당 매입원가 계산하기

아래 조건을 바탕으로 개당 매입원가를 구해주세요. 해상운송을 통해 수입됩니다.

중국 수출자와 EXW 무역거래 시 개당 매입원가를 계산하세요.

관부가세가 포함된 매입원가를 산출하세요.

환율기준: $1 = 1,100원 / HS-CODE: 8509-80-1000

EXW PRICE: $5 (총 3,000개 구매)	수입 물류비 : $1,000 (중국출고지➡한국 최종도착지)	DUTY & TAX 기본세율 : FTA 협정세율 : 부가세: 10%
수출자로부터 확인	포워더로부터 확인	관세사로부터 확인

알리바바 신용카드 결제(2.95%)/한-중 FTA 원산지증명서 발급비($40)/관세사 대행수수료: 30,000원(부가세 제외)/국내 물류비: $100

▲ 그림 8-3-1

총 매입원가는 파란색 영역을 모두 합한 $18,119.76이며, 3,000개를 구매했기에 관부가세를 포함한 개당 매입원가는 약 $6.04입니다. 기본세율은 8%, 한-중 FTA 협정세율은 2.4%입니다.

지불할 곳	알리바바	포워더			알리바바	카드사	관세사 및 세관		
항목	EXW 가격	국제 & 국내 물류비			FTA C/O	신용카드 결제	duty & tax		
세부항목	상품 개당원가	내륙운송료&중국 부대비용(출고지 -> 항구)	해상운임	국내 부대비용 & 내륙운송료	원산지증명서	2.95%	관세사 대행수수료	FTA세율(%)	부가세(%)
단가	$15,000.00	$900.00		$100.00	$40.00	$443.68	₩33,000	2.4%	10%
외화(USD)	$15,000.0	$1,000.0			$40.0	$40.0	$30.0	$381.60	$1,628.16

▲ 그림 8-3-2

금액을 지불해야하는 지불처 기준으로 설명 드립니다.

❶ 알리바바(수출자):

- 상품원가: EXW PRICE는 상품원가로 본 예제에서는 $5/1개로, 총 3,000개를 구매합니다. 이에 총 $15,000가 산출됩니다($5 × 3,000개)
- FTA C/O: 한–중 FTA원산지증명서를 발급받기 위해 알리바바에게 $40을 지불했습니다.
- 신용카드 수수료: 카드 결제로 알리바바에 지불한 금액에 2.95%를 수수료로 지불했습니다. '상품 개당 원가 + 원산지증명서 발급' ×2.95% = $443.68이나, $40을 초과하기에 신용 카드 수수료는 $40이 됩니다.

❷ 포워더: EXW 무역조건으로 진행하기 때문에 수출지 출고지에서 국내 최종도착지까지 운송업무를 수행합니다. 이를 상세항목으로 쪼개면 '중국 현지비용' + '해상운임' + '국내 부대비용(내륙운송료 포함)'가 됩니다. 해당 비용은 $1,000으로 산정되었습니다.

❸ 관세사 및 세관:

- 관세사 대행수수료: 30,000원(부가세 제외)입니다. 관부가세가 포함된 개당 매입원가를 구하기 위해서 33,000원(부가세 포함)으로 변환하고, 계산 편의를 위해 한화(KRW)를 외화(USD)로 변경합니다. 이에 33,000원/1,100원 = $30입니다.
- 관세(DUTY): 원산지 증명서를 발급받아 '한–중 FTA 협정세율'은 2.4%입니다.
  관세는 CIF가격×관세율입니다. 본 계산값에 CIF가격의 가격은 '상품 원가' + '수출지 출고지 –〉 수출지 항구까지의 물류비 & 부대비용' + '해상운임'까지의 비용으로 $15,900이 됩니다. $15,900에 한–중 FTA 협정세율 2.4%를 곱하면 관세는 $381.6입니다.
- 부가세(VAT): 부가세율은 내국세로 10%입니다. 부가세는 (CIF가격+관세)×10%입니다. ($15,900+$381.6)×10%로 $1,628.16입니다.

❶~❸까지의 합을 구하면 $18,119.76이 산출됩니다. 총 매입가가 $18,119.76으로 3,000개를 수입했습니다. 이에 개당 매입원가는 $18,119.76/3,000=약 $6.04가 됩니다.

무역심화 _ 수출지 항구(공항)에서부터 수입 진행 (인코텀즈 FOB 활용)

수출지 항구(공항)에서부터 업무를 책임지는 FOB조건으로 거래 시 수입절차, FOB조건 하에서 수입물류비 견적확인과 개당 매입원가 계산 방법에 대해서 살펴보겠습니다.

01
FOB조건 거래 진행하기

수출지 항구(공항)에서부터 업무를 책임지는 FOB조건으로 거래 시, 수입절차에 대해서 함께 살펴보도록 하겠습니다. 수입 시 가장 많이 활용되는 인코텀즈 조건으로 타 조건 대비 수입자가 물류비를 최적화할 확률이 높습니다. 샘플 종료 후 본품 주문 시, 수출자와의 나눠야 하는 대화 예시를 통해 무역 프로세스를 살펴보도록 하겠습니다. EXW조건에서 설명된 중복된 내용들은 건너뜁니다.

액션 1 대량 주문 요청(수입자 − 수출자)

수입자: 샘플은 잘 받아보았습니다. 이번에는 대량 주문을 하고 싶습니다.

수출자: 몇 개나 필요하신가요?

수입자(IMPORTER)

I received the sample well.
I'd like to place a bulk order this time.

수출자(EXPORTER)

Sure, How many pieces do you need?

▲ 그림 9−1−1

액션 2 수문 수량 및 원가 협의(수입자 − 수출자)

수입자: 3,000개 정도 필요합니다. 상품 원가는 어떻게 될까요?

수출자: 개당 $5입니다.

수입자(IMPORTER)

I need about 3,000 of them. What will be the EXW PRICE of the product?

수출자(EXPORTER)

It's $5.00 per pcs

▲ 그림 9-1-2

액션 3 무역조건 협의(수입자 - 수출자)

수입자: 이번 거래 시, 무역조건은 FOB로 하고 싶습니다.

수출자: 네, 물론 가능합니다. 포워더가 정해지면 그들의 정보를 알려주세요.

수입자(IMPORTER)

I would like to proceed with this trade deal under the condition of FOB

수출자(EXPORTER)

Ok, Please let me know the information when the forwarder is decided.

▲ 그림 9-1-3

액션 4 FOB 물류비 확인을 위해 수출지 항구명 문의(수입자 - 수출자)

수출지 출고지에서부터 상품을 픽업해야 하는 EXW조건과 달리 FOB조건은 수출지 항구에서부터 업무의 범위가 형성됩니다. 따라서 수출자 출고지는 불필요한 정보가 되고, 출고지에서 가장 가까운 항구명이 중요 정보가 됩니다.

수입자: 출고지에서 가장 가까운 항구를 알고 싶습니다.

수출자: 상해항이 제일 가깝습니다. 수출 진행 시, 주로 상해항을 통해 진행합니다.

수입자(IMPORTER)

I'd like to know the nearest port to the factory.

수출자(EXPORTER)

Shanghai Port is the closest.
We usually export this way.

▲ 그림 9-1-4

액션 5 FOB 가격 문의

FOB조건에서는 수출자에게 상품원가(EXW PRICE)가 아닌 FOB PRICE를 결제해야 합니다. 따라서 EXW PRICE와는 별도로 FOB PRICE가 얼마인지 확인해야 합니다.

수입자: FOB 가격을 확인하고 싶습니다.

수출자: 총 FOB가격은 $18,000이고, 개당 FOB 가격은 $6입니다.

총 EXW가격이 $5×3,000=$15,000이었습니다. FOB가격에서 EXW가격을 빼면 수출지 현지 물류비용이 산출됩니다. 약 $3,000입니다.

수입자(IMPORTER)

How about FOB price?

수출자(EXPORTER)

TOTAL : $18,000
$6 per pieces

▲ 그림 9-1-5

액션 6 FOB 물류비 확인을 위해 화물 디테일 문의(수입자 - 수출자)

수입자: 안내 감사드립니다. 물류비 확인을 위해 3,000개를 구매했을 때, 포장된 화물의 부피와 중량은 어떻게 되는지 알려주세요.

수출자: 한 파렛트 기준으로 부피는 100×100×120CM, 200KG입니다. 총 15파렛트입니다.

R.TON 단위로 계산해본 결과 18이라는 값이 나왔습니다. 앞서 소개한대로 12R.TON이 넘을 경우 FCL을 이용하는 것이 물류비 측면에서 저렴합니다. 이럴 경우 20피트 컨테이너 1대를 이용해서 수입을 진행합니다. 어떤 운송수단으로 선적하는 것이 좋을지 판단되지 않는 경우 수출자 혹은 포워더에게 조언을 구해보시면 됩니다. 해당 정보까지 확인한 후 쉽다(포워더)로부터 FOB 물류비용을 확인합니다. Lesson 02를 참조합니다.

수입자(IMPORTER)

Thank you for the information. Please let me know the volume and weight of the packed cargo when I purchase 3,000 units to checdk the shipping cost

수출자(EXPORTER)

100×100×120cm, 200kg - 1PALLET
Total 15PALLETS

▲ 그림 9-1-6

액션 7 관부가세, 수입요건 확인을 위해 HS-CODE 문의(수입자 - 수출자)

쉽다에서 물류비 견적 확인 이후 수출자로부터 관세율과 수입요건을 확인할 수 있는 HS-CODE를 확인합니다.

수입자(IMPORTER)

Can you tell me HS-CODE?

수출자(EXPORTER)

The HS-CODE is 8470-50-0000

▲ 그림 9-1-7

액션 8 관부가세, 수입요건 확인을 위해 HS-CODE 전달(수입자 - 수출자)

관세사에게 수입하고자 하는 국가명 / 상품명 / HS-CODE를 제공합니다. 필요 시, 상품의 용도와 재질도 함께 안내가 필요합니다.

수입자(IMPORTER)

안녕하세요. 중국에서 POS 기기를 수입하고 싶습니다. 수출자가 알려준 HS-CODE 8470-50-0000입니다. 관세율과 수입요건을 확인하고 싶습니다.

관세사(CUSTOMS BROKER)

기본세율 8%, 한-중 FTA 협정세율 0%입니다. 세관장 확인 대상으로 '전기용품 및 생활용품 안전관리법' 및 '전파법'에 의거하여 KC 인증을 취득해야 합니다.

▲ 그림 9-1-8

액션 9 원산지 라벨 처리상태 확인 및 피드백 받기(수입자 – 수출자/관세사)

액션 8에서의 수입요건을 해결했으면 통관 시 이슈가 될 수 있는 '원산지 라벨'을 관세사로부터 체크하고 진행합니다.

 수입자(IMPORTER)

Can you show me the picture of how the country of origin label is attached?

 수출자(EXPORTER)

Sure.

▲ 그림 9-1-9

 수입자(IMPORTER)

수출자로부터 원산지 라벨이 표기된 사진을 받았습니다. 이렇게 처리하면 될지 판단 부탁드립니다.

 관세사(CUSTOMS BROKER)

네, 그렇게 진행하시면 됩니다.

▲ 그림 9-1-10

액션 10 원산지 증명 발급요정(수입자 – 수출사)

마지막으로 관세율을 합법적으로 절감하기 위해 수출자에게 FTA 원산지증명서를 발급 요청합니다. 만약 수출자가 FTA 원산지증명서를 발급을 할 수 없다면, 원산지증명서 대행이 가능한 포워더에게 별도 의뢰합니다.

 수입자(IMPORTER)

Can you issue FTA C/O?

 수출자(EXPORTER)

Yes, it's possible. It's $40.

▲ 그림 9-1-11

모든 과정이 완료되었습니다. 이제 마지막으로 Lesson 03에서 최종 매입원가 및 개당 매입원가를 계산하여 상품을 구매할지를 최종적으로 결정합니다. 이후 수출자에게 거래확약 결제창(Trade assurance payment)을 오픈해달라고 요청하고 결제합니다.

수입자(IMPORTER)

Please make a invoice by Trade assureance payment

수출자(EXPORTER)

Okay, I will

▲ 그림 9-1-12

액션 11 수입운송을 위한 포워더 협업(수입자 – 포워더)

결제 이후 수입자는 포워더와 업무를 진행합니다. 수입자가 지정한 포워더가 수출자에게 컨택을 시도합니다. 정확하게는 수입자 포워더가 지정한 수출지 포워더가 수출자에게 컨택합니다. EXW조건에서와 마찬가지로 FOB조건에서도 수입자가 지정한 포워더가 수출지 포워더를 선정할 수 있는 권한이 있습니다. 이후 수출자가 포워더에게 화물준비 일정(Cargo ready)를 안내하고 선적 스케줄을 수립합니다. 이후 포워더는 수립된 일정대로 진행하는 것을 수입자에게 컨펌 받기 위해 연락을 취합니다. 해당 일정대로 진행을 희망하시는 경우 '컨펌(Confirm)'하시고, 일정 조정을 희망하시는 경우 희망일정을 이야기합니다. 스케줄이 컨펌되면 포워더는 해운회사에 선적예약(Booking)을 진행합니다.

ShipDa 쉽다(FORWARDER)

화물 준비 일정은 21년 2월 12일입니다.
예상 출항 일정(ETD): 21년 2월 19일
예상 도착 일정(ETA): 21년 2월 22일
이대로 진행하면 될지 확인 부탁드립니다.

수입자(IMPORTER)

좀 더 빠른 일정은 없을까요?

▲ 그림 9-1-13

ShipDa 쉽다(FORWARDER)

확인 결과 2일 정도 앞선 스케줄이 가능합니다.
예상 출항 일정(ETD): 21년 2월 17일
예상 도착 일정(ETA): 21년 2월 20일
이대로 진행하면 될지 확인 부탁드립니다.

수입자(IMPORTER)

네, 그렇게 진행하겠습니다.

▲ 그림 9-1-14

액션 12 수입통관 준비를 위한 포워더와의 커뮤니케이션(수입자 – 포워더)

정상적으로 출항된 이후 물류비 및 통관비용을 정산하기 위해 포워더에게 수출서류를 전달해야 합니다. 필수서류는 C/I, P/L이며, 관세혜택을 적용 받고 싶을 경우 FTA C/O 서류까지 함께 전달합니다. 포워더는 본인이 지정한 관세사에게 전달 받은 서류와 물류정산서를 전달합니다. 수입자가 직접 관세사를 지정하고자 하는 경우 '관세사 정보'를 포워더에게 전달하면 됩니다.

액션 13 컨테이너 대수에 따른 수입물류비 정산 _ 해당 FCL(수입자 – 포워더)

한국에 화물이 도착하면 포워더는 수입자에게 물류비용을 정산합니다. 포워더가 수입자에게 제공하는 거래명세서는 실비사항을 고려하여 재산출 됩니다. FCL로 진행되는 경우 일반적으로 컨테이너에 담긴 화물의 부피/중량에 따라 견적이 변동되지 않고 컨테이너 대수에 따라 비용이 청구됩니다.

액션 14 수입통관 신고 및 관부가세 정산(수입자 – 포워더/관세사)

물류비용 정산이 완료되면 관세사를 통해 수입통관 신고를 진행합니다. 포워더를 통해 관세사를 소개받으셨을 경우 통관비용 또한 포워더를 통해 일괄 정산이 가능하고, 본인이 지정한 관세사와 협업하실 경우 관세사로부터 통관비용을 정산하시면 됩니다.

액션 15 최종 내륙 운송 진행 및 수령(수입자 – 포워더)

통관이 정상적으로 완료되면 컨테이너 내륙운송 기사를 배차하여 최종도착지로 상품을 운송합니다. 이후 상품을 수령하시면 모든 절차가 완료됩니다.

02

FOB조건 하에서 수입물류비 견적확인

액션 1 쉽다 서비스 내에서 수입물류비 확인(수입자 – 포워더)

수출자는 수출지 항구(공항)까지의 운송비 및 적재에 따른 부대비용을 포함한 FOB PRICE를 수입자에게 비용 지불을 요청합니다. 수입자는 해당 가격을 확인하고 수출자에게 정산하면 됩니다. 간혹 FOB조건에서는 해외에서 발생하는 비용을 수출자가 '부담'한다고 생각하시는 분들이 있는데 착각입니다. '부담'이 아니라 '대신 납부'하는 것이 맞는 표현입니다. 수출자는 FOB 조건에서 수입자를 대신하여 수출지 항구까지의 일련의 비용을 산출해주고, 실제 진행하게 되었을 때에는 해당 비용을 FOB 가격에 포함시켜 수입자에게 청구합니다.

수출지 항구에서부터 최종도착지까지의 물류비를 알아야 총 매입원가 및 개당 매입원가를 확인할 수 있습니다. 디지털 수입물류 포워딩 서비스 – 쉽다(SHIPDA)에서 FOB조건일때의 물류비를 산출합니다. R.TON이 18로 20피트 컨테이너 1대를 이용해야 합니다. 해상FCL 물류비를 산출하기 위한 준비사항은 다음과 같습니다.

❶ 수출지 항구명
❷ 컨테이너 유형 및 크기
❸ 한국 최종도착지 주소

위 3가지로 물류비 산출이 가능하고, ❶, ❷는 수출자로부터 확인. ❸은 수입자가 결정하면 됩니다. 서울시 종로구로 물건을 받고자 하신다면 아래와 같이 정리할 수 있습니다.

❶ 수출지 항구명: SHANGHAI PORT (FOB SHANGHAI라고 표기하기도 합니다.)
❷ 컨테이너 유형 및 크기: 20피트 컨테이너(DRY)
❸ 한국 최종도착지 주소: 서울시 종로구

1 _ 운송수단 및 지역결정

수출지 항구에서부터 수입자가 상품을 가져와야 하기 때문에, 쉽다(포워더)에게 의뢰할 업무 범위 또한 '수출지 항구 ~ 최종도착지'가 됩니다.

❶ **운송방법:** 해상(항공) 중 원하는 운송수단을 선택합니다. 이번 케이스에서는 20피트 컨테이너로 수입을 진행해야 하기 때문에 해상운송을 선택합니다.

❷ **출발지:** FOB조건으로 수출지 항구에서부터 쉽다(포워더)가 픽업해야 하기 때문에 '항구(PORT)'를 클릭합니다.

❸ **출발지 항구:** 수출자 출고지에서 가장 가까운 혹은 추천된 항구명을 입력 및 선택합니다. (**예** 상해항)

❹ **도착지:** 서울시 종로구로 화물 운송의뢰를 맡기는 케이스입니다. 도착지는 '내륙(DOOR)'를 선택합니다.

❺ **경유지 항구:** 최종도착지의 가장 가까운 항구(PORT)를 입력 및 선택합니다. 예로 들 '서울시 종로구'의 경우 인천항이 제일 가깝기 때문에 본인의 판단 하에 항구명을 선택하면 됩니다. 국내 항구는 꽤 많습니다만 주로 이용하는 항구는 '인천항 / 부산항' 입니다.

❻ **내륙주소:** 상품을 수령할 최종도착지 주소를 시/군/구 단위로 입력하고 선택합니다. (**예** 서울시 종로구)

❼ **인코텀즈:** 선택하신 사항을 바탕으로 웹 페이지에서 인코텀즈가 자동 안내됩니다.

▲ 그림 9-2-1

7가지 사항을 모두 입력하셨으면 다음 페이지로 이동합니다.

2 _ 화물 디테일 입력

❶ **운송타입**: 운송타입을 결정합니다. 10.24R.TON의 화물을 해상LCL로 진행할 것이기에 'LCL'을 선택합니다

❷ **품목**: 수입하고자 하는 상품명을 입력합니다.

❸ **컨테이너 유형**: 컨테이너 유형에는 DRY/RF/FR/OT가 있습니다. 일반적으로 사용되는 DRY(일반) 컨테이너입니다. RF/FR/OT는 특수 컨테이너로 자세한 설명은 CHAPTER 6 – LESSON 01을 참조합니다. 이번 케이스에서는 20DRY×1대를 수입하므로 컨테이너 유형은 DRY(일반)을 선택합니다.

❹ **컨테이너 사이즈**: DRY(일반) 컨테이너는 20피트/40피트/40HQ이 있습니다. 일반적으로 30CBM이 미만인 경우 20피트 컨테이너를 사용하고, 30CBM을 초과하는 경우 40피트 혹은 40HQ 컨테이너를 이용합니다. 해당 케이스에서는 20피트 컨테이너를 이용하므로 20DRY를 선택합니다.

❺ **컨테이너 수량**: 수입하고자 하는 화물이 컨테이너 몇 대 분인지 확인하고 숫자를 입력합니다.

❻ **위험물**: 화학류 상품을 수입하실 경우 위험물을 '예'로 선택해야 합니다. 대표적인 화학류 상품은 '배터리/배터리가 내장되어 있는 상품/화장품 등'이 있습니다. 자세한 설명은 CHAPTER 8 – LESSON 02를 참조합니다. 수입하고자 하는 POS 기기는 일반 기계류로 위험물이 아니기에 '아니오(기본값)'으로 진행합니다.

▲ 그림 9-2-2

3 _ 체크 포인트 확인

지역과 화물정보를 모두 입력했으면 상세사항을 체크합니다. 쉽다에서는 일반적인 케이스를 '기본 값'으로 설정했기 때문에 수출자와의 별도 협의가 없는 경우에만 설정을 변경합니다.

❶ **LSS:** 저유황유할증료로 수출지에서 발생하는 견적 항목입니다. CHAPTER 6 - LESSON 02에서 학습했던 OCEAN SURCHARGE(해상운임 추가비용)에 속하는 'BAF&CAF&CRS'가 수입지에서 발생하는 비용임에 반하여 LSS는 수출지에서 발생합니다. FOB조건에서는 수출자가 지불하는 것이 일반적이나, '수출자 – 수입자'간 협의에 따라 LSS를 수입지에서 지불하는 케이스도 있습니다.

❷ **OCEAN SURCHARGE:** : 수입지에서 발생하는 'BAF&CAF&CRS'와 같은 해상운임 추가 비용을 의미합니다. 각 항목에 대한 설명은 'CHAPTER 6 - LESSON 03'에서 언급되었습니다.

❸ **국내 부대비용:** : 'THC, WFG, DOC FEE 등'과 같이 국내에서 발생되는 부대비용입니다. 각 항목과 그에 따른 설명은 'CHAPTER 6 - LESSON 03'에서 언급되었습니다.

❹ **통관 업무의뢰:** 수입통관을 위해서는 관세사와의 협업이 필요합니다. 쉽다에 '통관 업무 의뢰' 하는 경우 아이템별 전문 관세사를 매칭하여 안내 드립니다.

❺ **적하보험 가입:** 화물이 깨지기 쉽거나, 금액이 너무 높아 사고 발생 시 RISK를 없애기 위해서 가입하는 화 물 보험입니다. 가입은 자율에 맡깁니다. 가입비는 일반적으로 '물품가격×110%×0.03%'입니다.

▲ 그림 9-2-3

모두 선택하셨으면 다음 단계로 넘어갑니다. 이후 입력했던 모든 정보를 다시 한 번 확인하고 하단 '견적 조회' 버튼을 클릭합니다. 수정할 내용이 있으면 '수정하기'를 클릭하여 내용을 정정합니다.

▲ 그림 9-2-4

FOB조건에서는 즉각적인 견적조회가 가능합니다. 견적조회 버튼을 클릭하면 견적가 확인 및 상세 견적서를 다운로드 할 수 있습니다. 견적이 마음에 드셨다면 [그림 9-2-5] 화면에 보이는 '업무의뢰 하기'를 클릭합니다. 다만 급격한 해운시황 변동 및 출발지가 주요 수출지 항구가 아닌 경우에는 견 적을 즉시 확인할 수 없습니다. 그럴 경우에는 [그림 9-2-6]처럼 화면이 노출됩니다. '운임 등록 요 청' 버튼을 누르면 쉽다가 빠르게 의뢰내용을 확인하고 견적을 안내합니다.

▲ 그림 9-2-5

▲ 그림 9-2-6

이후 쉽다에 남기고 싶은 말들을 입력한 뒤 전송 버튼을 누르면 의뢰가 완료됩니다.

▲ 그림 9-2-7

액션 2 쉽다 서비스 내에서 수입물류비 진행(수입자 – 포워더)

마이페이지로 이동하면 의뢰 건을 확인할 수 있습니다. 견적을 이미 확인하고 프로세스를 진행하는 경우 바로 수출자 정보를 입력하는 창으로 변경됩니다. 운임이 즉가저으로 확인이 되지 않는 구간의 경우 쉽다 측에 운임을 요청한 상태입니다. 이후 쉽다 측에서 견적을 제출할 경우 마이페이지에서 '수락/거절' 여부를 선택합니다. 수락할 경우 이후 수출자 정보를 입력하시면 됩니다.

▲ 그림 9-2-8

액션 3 쉽다 서비스 내에서 프로세스 진행(수입자 – 포워더)

쉽다가 수출자와 컨택해야 하기 때문에 정보를 입력해 주셔야 업무의뢰를 마칠 수 있습니다. 수출자에게 입력해야 할 정보를 문의 후 입력합니다.

▲ 그림 9-2-9

FOB조건에서 포워더로부터 받는 견적서를 함께 살펴보겠습니다. 크게 '해상운임/국내 부대비용'으로 나눌 수 있습니다. 수출지 항구에서부터 포워더에게 운송의뢰를 하기 때문에 해외에서 발생하는 비용들은 견적서 내 포함되지 않습니다.

❶ 해상운임: 수출지 항구 ~ 수입지 항구까지의 운임 비용
❷ 국내 부대비용: 수입지 항구 ~ 최종도착지까지의 제반 비용
❸ 이외 실비비용: DEM&DET / 관부가세 / 세관검사비 등

표준 견적서 ShipDa

요청사항 FOB조건(상해항 -> 인천항 -> 서울특별시 종로구)
아이템: POS 기기
화물디테일: 20DRY*1대
환율기준: 1098.88원 달러(달러)
1351.62원 달러(유로)
168.62원 월(위안)

회사명: 셀러노트(쉽다)
담당자 정보: 이종원/010-2638-7225
cs@ship-da.com

구분	항목	기준통화	단가	수량	견적가	견적단위	비고
해상운임	OCEAN FREIGHT(해상운임)	USD	100	1	₩109,888	CNTR	
	BAF&CAF(유류할증료 및 통화할증료)	USD	220	1	₩241,754	CNTR	
	CRS(긴급비용할증료)	USD	40	1	₩43,955	CNTR	
국내 부대비용	THC(터미널화물처리비)	KRW	130,000	1	₩130,000	CNTR	
	WFG(부두사용료)	KRW	4,420	1	₩4,420	CNTR	
	DOC FEE(서류 발급비)	KRW	50,000	1	₩50,000	B/L	VAT 별도
	HANDLING CHARGE(포워더 대행수수료)	KRW	40,000	1	₩40,000	B/L	VAT 별도
	CONTAINER CLEANING CHARGE(컨테이너 청소비)	KRW	25,000	1	₩25,000	CNTR	
	DUTY&TAX(관부가세)		실비청구				
	INSPECTION FEE(세관검사)		실비청구				적발 시
국내 내륙운송	TRUCKING CHARGE(내륙운송료)	KRW	245,000	1	₩245,000	CNTR	VAT 별도/인천구항 접안 시
기타사항	ROUTE(구간)		상해항 -> 인천항 -> 서울특별시 종로구				
	LINER(선사)		범주해운(Pan Continental Shipping)				
	VALIDITY(운임 유효기간)		2021년 03월 31일				

코멘트
* 관부가세는 HS-CODE에 따라 실비청구됩니다.
* 환율은 외환은행 기준 전신환매도율 평균값으로 청구합니다.
* 실제 선적된 부피/중량 기준으로 청구됩니다.
* 국내 DEM&DET는 별도 협의 없을 시 실비청구됩니다.
* 인천항 접안 시, 내륙운송료는 26만원(VAT 별도) 청구됩니다.

최종 가격(VAT 별도) ₩890,017

▲ 그림 9-2-10

• DEM(Demurrage): 해운회사에서 제공하는 항구에서의 무상보관 일수를 초과하는 경우 추가 비용이 청구됩니다. 이를 '디머러지'라고 부릅니다.
• DET(Detention): 컨테이너가 최종노작시에 노착 후, 다시 칭구도 반납을 해줘야 합니다. 그런데 특정 사정이 있어 반납하지 않고 있을 경우, 무상으로 제공하는 기일을 초과하는 경우 해운회사가 수입기업에게 추가 비용을 청구합니다. 이를 '디텐션' 이라고 합니다.

해운회사마다 정해진 요율이 모두 다릅니다. 필요 시, 기본적으로 제공하는 FREETIME(무료일수)를 확인하고자 한다면 선사 홈페이지에서 확인하거나 포워더에게 문의하시면 됩니다. 수입하는 기업의 경우 일반적으로 컨테이너가 한국에 도착하면 항구에서 바로 출고 처리를 하기 때문에 많은 일수를 필요로 하진 않습니다. 수입 이후 보관을 할 공간이 마땅치 않을 때 포워더에게 DEM(디머러지)를 사전에 넉넉히 요청하여 비용을 최소화합니다.

03

FOB조건 진행 시, 개당 매입원가 계산하기

아래 조건을 바탕으로 개당 매입원가를 구해주세요. 해상운송을 통해 수입됩니다.

중국 수출자와 FOB 무역거래 시 개당 매입원가를 계산하세요.

관부가세가 포함된 매입원가를 산출하세요.
환율기준: $1=1,100원/HS–CODE: 8470–50–0000

FOB 가격 : $6 (총 3,000개 구매)	수입 물류비 : $1,000 (중국 항구 ➜ 한국 최종도착지)	DUTY & TAX 기본세율 : FTA 협정세율 : 부가세: 10%
수출자로부터 확인	포워더로부터 확인	관세사로부터 확인

알리바바 신용카드 결제(2.95%)/한–중 FTA 원산지증명서 발급비($40)/관세사 대행수수료: 30,000원(부가세 제외)/국내 물류비: $100

▲ 그림 9-3-1

[그림 9-3-2] 총 매입원가는 파란색 영역을 모두 합한 $20,990이며, 3,000개를 구매했기에 관부가세를 포함한 개당 매입원가는 약 $7입니다. 기본세율은 8%, 한–중 FTA 협정세율은 0%입니다.

지불할 곳	알리바바		포워더		알리바바	카드사	관세사 및 세관		
항목	FOB 가격		국제 & 국내 물류비		FTA C/O	신용카드 결제	duty & tax		
세부항목	상품 개당원가	내륙운송료&중국 부대비용(출고지 -> 항구)	해상운임	국내 부대비용 & 내륙운송료	원산지증명서	2.95%	관세사 대행수수료	FTA세율(%)	부가세(%)
단가		$18,000.00	$800.00	$200.00	$40.00	$532.18	₩33,000	0.0%	10%
외화(USD)		$18,000.0		$1,000.0	$40.0	$40.00	$30.00	$0.00	$1,880.00

▲ 그림 9-3-2

금액을 지불해야하는 곳을 기준으로 설명 드립니다.

❶ 알리바바: FOB 무역조건으로 거래를 진행합니다. 3,000개에 FOB가격 기준 $18,000입니다. 해당 $18,000 에는 '상품원가' + '수출지 출고지 –> 수출지 항구까지의 물류비 & 부대비용'이 포함되어 있습니다.

❷ **포워더**: FOB 무역조건으로 진행하기 때문에 수출지 항구에 대기 중인 선박에 화물이 적재되면 해당 항구에서 최종도착지까지 운송업무를 수행합니다. 이를 상세항목으로 쪼개면 '해상운임' + '국내 부대비용 & 내륙운송료'가 됩니다. 해당 비용이 $1,000으로 산정되었습니다.

❸ **FTA C/O**: 한-중 FTA원산지증명서를 발급받기 위해 알리바바에게 $40을 지불했습니다.

❹ **신용카드 수수료**: 카드 결제로 알리바바에 지불한 금액에 2.95%를 수수료로 지불했습니다. '상품 개당원가 + 내륙운송료(수출지 출고지 → 수출지 항구) + 원산지증명서 발급'×2.95% = $532.180이나, $40을 초과하기에 신용카드 수수료는 $40이 됩니다.

❺ **관세사 및 세관**:
- 관세사 대행수수료: 30,000원(부가세 제외)입니다. 관부가세가 포함된 개당 매입원가를 구하기 위해서 33,000원(부가세 포함)으로 변환하고, 계산 편의를 위해 한화(KRW)를 외화(USD)로 변경합니다. 이에 33,000원/1,100원 = $30입니다.
- 관세(DUTY): 원산지 증명서를 발급받아 '한-중 FTA협정세율'은 0%입니다. 관세는 CIF가격×관세율입니다 본 계산값에 CIF가격은 '상품 원가' + '수출지 출고지 → 수출지 항구까지의 물류비 & 부대비용' + '해상운임'까지의 비용으로 $18,800이 됩니다. $18,800에 한-중 FTA 협정세율 0%를 곱하면 관세는 없습니다.
- 부가세(VAT): 부가세율은 내국세로 10%입니다. 부가세는 (CIF가격+관세)×10%입니다. ($18,800+$0)×10%로 $1,880입니다.

❶ ~ ❺의 합을 구하면 $20,990이 산출됩니다. 총 매입가가 $20,990으로 3,000개를 수입했습니다. 이에 개당 매입원가는 $20,990/3,000=$6.999로 약 $7이 됩니다.

10

무역심화 _ 수출지 창고입고 후 수입운송 진행 (인코텀즈 FCA 활용)

수출자와 수입자가 지정한 특정 수출지 출고지에서부터 업무를 책임지는 FCA조건으로 거래 시 수입절차,

FCA조건 하에서 수입물류비 견적과 개당 매입원가 계산 방법에 대해서 살펴보겠습니다.

LESSON

01
FCA조건 거래 진행하기

수출자와 수입자가 지정한 특정 수출지 출고지에서부터 업무를 책임지는 FCA조건으로 거래 시 수입절차에 대해서 함께 살펴보도록 하겠습니다. 여러 수출자의 상품을 하나로 뮦어서 수입하고사 하는 경우 많이 활용되는 인코텀즈입니다. 샘플 종료 후 본품 주문 시, 수출자와의 나눠야 하는 대화 예시를 통해 무역 프로세스를 살펴보도록 하겠습니다.

액션 1 대량 주문 요청(수입자 - 수출자)

수입자: 샘플은 잘 받아보았습니다. 이번에는 대량 주문을 하고 싶습니다.

수출자: 몇 개나 필요하신가요?

수입자(IMPORTER)

I received the sample well.
I'd like to place a bulk order this time

수출자(EXPORTER)

Sure, How many pieces do you need?

▲ 그림 10-1-1

액션 2 주문 수량 및 원가 협의(수입자 - 수출자)

수입자: 1,000개 정도 필요합니다. 상품 원가는 어떻게 될까요?

수출자: 개당 $2입니다.

수입자(IMPORTER)

I need about 1,000 of them. What will be the EXW PRICE of the product?

수출자(EXPORTER)

It's $2.00 per pcs

▲ 그림 10-1-2

액션 3 무역조건 협의(수입자 – 수출자)

수입자: 이번 거래 시, 무역조건은 FCA로 하고 싶습니다.
수출자: 물론이죠, 창고 주소를 알려주세요.

수입자(IMPORTER)

Incoterms: FCA
Please deliver the product to my agent warehouse.

수출자(EXPORTER)

Sure, What's the address of the agent warehouse?

▲ 그림 10-1-3

혹은 다음과 같은 이야기도 가능합니다. FCA라는 무역용어를 활용하지 않고, Agent warehouse로 상품 입고를 요청하면 됩니다.

수입자: 제 에이전트(포워더) 창고로 상품을 배송해주실 수 있나요?
수출지: 물론이죠, 창고 주소를 알려주세요.

수입자(IMPORTER)

Could you deliver the product to my agent's warehouse?

수출자(EXPORTER)

Sure, What's the address of the agent warehouse?

▲ 그림 10-1-4

액션 4 출고지 주소~창고까지의 물류비 문의(수입자 – 수출자)

수입자: 창고 주소는 OOO입니다. 해당 장소까지의 물류비는 얼마인가요?

수출자: 확인해보니 $100입니다.

해당 창고주소는 수입자가 지정한 포워더로부터 확인하셔야 합니다. 포워더에 따라 위와 같은 비즈니스가 가능한 곳이 있고, 불가한 곳이 있습니다. 쉽다에서는 '창고입고 후 수입운송'이라는 별도 서비스(URL: http://www.ship-da.com/consolidation)를 진행하고 있습니다. 해당 내용은 Lesson 02에서 다루도록 하겠습니다.

수입사(IMPORTER)

The warehouse address is <SHIPDA>
威海市 威海经区 海埠路 <SHIPDA>

수출자(EXPORTER)

I checked and the trucking charge is $100.

▲ 그림 10-1-5

액션 5 FCA조건 물류비 확인을 위해 화물 디테일 문의(수입자 – 수출자)

수입자: 안내 감사드립니다. 물류비 확인을 위해 1,000개를 구매했을 때, 포장된 화물의 부피와 중량은 어떻게 되는지 일러주세요.

수출자: 한 박스 기준으로 부피는 50×50×30CM, 10KG입니다. 총 5박스입니다.

R.TON 단위로 계산해본 결과 0.375이라는 값이 나왔습니다. R.TON 값이 12 미만이기 때문에 LCL을 이용하는 것이 물류비 측면에서 저렴합니다. 해당 정보까지 확인한 후 쉽다(포워더)로부터 물류비용을 확인합니다. Lesson 02를 참조합니다.

수입자(IMPORTER)

Thank you for the information. Please let me know the volume and weight of the packed cargo when I purchase 1,000 units to check the shipping cost

수출자(EXPORTER)

50×50×30cm, 10kg-1BOX
Totel 5BOXES

▲ 그림 10-1-6

액션 6 관부가세, 수입요건 확인을 위해 HS-CODE 문의(수입자 - 수출자)

물류비 견적 확인 이후 수출자로부터 관세율과 수입요건을 확인할 수 있는 HS-CODE를 확인합니다.

수입자(IMPORTER)

Can you tell me HS-CODE?

수출자(EXPORTER)

The HS-CODE is 6912-00-1010

▲ 그림 10-1-7

액션 7 관부가세, 수입요건 확인을 위해 HS-CODE 전달(수입자 - 관세사)

관세사에게 수입하고자 하는 국가명 / 상품명 / HS-CODE를 제공합니다. 필요 시, 상품의 용도와 재질도 함께 안내가 필요합니다.

수입자(IMPORTER)

안녕하세요. 중국에서 커피잔 세트를 수입하고 싶습니다. 수출자가 알려준 HS-CODE는 6912-00-1010입니다. 관세율과 수입요건을 확인하고 싶습니다.

관세사(CUSTOMS BROKER)

기본세율 8%, 한-중 FTA 협정세율 4.2%입니다. 세관장 확인 대상으로 '수입식품안전관리 특별법'에 의거하여 식약처 검역을 합격해야 합니다.

▲ 그림 10-1-8

액션 8 원사지 라벨 처리상태 확인 및 피드백 받기(수입자 - 수출자/관세사)

액션 7에서의 수입요건을 해결했으면 통관 시 이슈가 될 수 있는 '원산지 라벨'을 관세사로부터 확인 후 진행 처리합니다.

수입자(IMPORTER)

Can you show me the picture of how the country of origin label is written?

수출자(EXPORTER)

Okay I will

▲ 그림 10-1-9

수입자(IMPORTER)

수출자로부터 원산지 라벨이 표기된 사진을 받았습니다. 이렇게 처리하면 될지 판단 부탁드립니다.

관세사(CUSTOMS BROKER)

네, 그렇게 진행하시면 됩니다.

▲ 그림 10-1-10

액션 9 원산지 증명서 발급요청(수입자 - 수출자)

마지막으로 관세율을 합법적으로 절감하기 위해 수출자가 FTA 원산지증명서를 발급해줄 수 있는지를 체크합니다. 만약 수출자가 FTA 원산지증명서를 발급을 할 수 없다면, 원산지증명서 대행이 가능한 포워더에게 별도 의뢰합니다.

수입자(IMPORTER)

Can you issue FTA C/O?

수출자(EXPORTER)

Yes, it's possible. It's $40.

▲ 그림 10-1-11

모든 과정이 완료되었습니다. 이제 마지막으로 Lesson 03에서 최종 매입원가 및 개당 매입원가를 계산하여 상품을 구매할지를 최종적으로 결정합니다. 이후 수출자에게 거래확약 결제창(Trade assurance payment)을 오픈해달라고 요청하고 결제합니다.

수입자(IMPORTER)

Please make a invoice by Trade assurance payment

수출자(EXPORTER)

Okay, I will

▲ 그림 10-1-12

액션 10 수입운송을 위한포워더 협업(수입자 – 포워더)

결제 이후 수입자는 본인이 선정한 포워더와 업무를 진행합니다. 수입자가 지정한 포워더는 수출자에게 컨택을 시도합니다. 정확하게는 수입자 포워더가 지정한 수출지 포워더가 수출자에게 컨택합니다. (포워더에게 수출자 정보를 안내해야 컨택이 진행됩니다. Lesson 02에서 방법을 확인할 수 있습니다.)

이후 수출자가 포워더에게 화물준비 일정(Cargo ready)를 안내하고 선적 스케줄을 수립합니다. 이후 포워더는 수립된 일정대로 진행하는 것을 수입자에게 컨펌받기 위해 연락을 취합니다. 해당 일정대로 진행을 희망하시는 경우 '컨펌(Confirm)'하시고, 일정 조정을 희망하시는 경우 희망일정을 이야기합니다. 스케줄이 컨펌되면 포워더는 해운회사에 선적예약(Booking)을 진행합니다. 별도 이슈사항이 없을 경우, 예정된 일정대로 선적이 진행됩니다.

ShipDa 쉽다(FORWARDER)

21년 1월 15일에 화물준비가 완료된다고 합니다.
예상 출항 일정(ETD): 21년 1월 18일
예상 도착 일정(ETA): 21년 1월 19일
이대로 진행하면 될지 확인 부탁드립니다.

수출자(EXPORTER)

네, 그렇게 진행하겠습니다.

▲ 그림 10-1-13

액션 11 수입통관 준비를 위한 포워더와의 커뮤니케이션(수입자 – 포워더)

정상적으로 화물이 출항한 이후 한국에 도착할 때 즈음이 되면 수입통관을 처리하기 위해 포워더에게 필수서류를 전달해야 합니다. 필수서류는 C/I, P/L이며, 관세혜택을 적용 받고 싶을 경우 FTA C/O 서류까지 함께 전달합니다. 포워더는 본인이 지정한 관세사에게 전달 받은 서류와 물류정산서를 전달합니다. 수입자가 직접 관세사를 지정하고자 하는 경우 '관세사 정보'를 포워더에게 전달하면 됩니다.

액션 12 실제 화물 부피/중량에 따른 수입물류비 정산(수입자 – 포워더)

한국에 화물이 도착하면 포워더는 수입자에게 물류비용을 정산합니다. 포워더가 수입자에게 제공하는 거래명세서는 실제 선적된 부피/중량 및 실비사항을 고려하여 재산출 됩니다.

액션 13 수입통관 신고 및 관부가세 정산(수입자 – 포워더/관세사)

물류비용 정산 이후 지정된 관세사가 수입통관 신고를 진행합니다. 이슈가 없을 경우 수입통관 신고가 정상적으로 마무리 됩니다. 포워더를 통해 관세사를 소개받으셨을 경우 통관비용 또한 포워더를 통해 일괄 정산이 가능하고, 포워더를 통해 소개받지 않고, 본인이 지정한 관세사를 통해 통관업무를 처리하실 경우 지정하신 관세사에게 통관비용을 정산하시면 됩니다

액션 14 최종 내륙운송 진행 수령(수입자 – 포워더)

통관이 정상적으로 완료되면 화물 내륙운송 기사를 배차하여 최종도착지로 상품을 운송합니다. 이후 상품을 수령하시면 모든 절차가 완료됩니다.

FCA조건 하에서 수입물류비 견적확인

액션 1 쉽다 서비스 내에서 수입물류비 확인(수입자 – 포워더)

수입자가 지정한 출고지에서부터 최종도착지까지의 물류비를 확인해야 최종 원가를 확인할 수 있습니다. 디지털 수입물류 포워딩 서비스 – 쉽다(SHIPDA)에서 FCA조건일때의 물류비를 산출합니다. 0.375 R.TON으로 12 R.TON 미만이기에 해상LCL로 진행할 것입니다. FCA조건 수입물류비를 산출하기 위한 준비사항은 다음과 같습니다.

[FCA 수입물류비 산출을 위한 체크사항]
❶ 포장된 화물의 부피/중량
❷ 화물을 입고시킬 해외창고 주소
❸ 한국 최종도착지 주소

위 3가지로 물류비 산출이 가능합니다. ❶은 수출자로부터 확인. ❷는 포워더로부터 주소 확인, ❸은 수입자가 결정하면 됩니다.

포워더로부터 확인된 창고(예 威海市 威海经区 海埠路 〈SHIPDA〉)에서부터 경기도 안산시 단원구로 물건을 받고자 하신다면 아래와 같이 정리할 수 있습니다.
❶ 포장된 화물의 부피/중량: 50×50×30cm, 10kg – 1box, Total 5box
❷ 화물을 입고시킬 해외창고 주소: 威海市 威海经区 海埠路 〈SHIPDA〉
❸ 한국 최종도착지 주소: 경기도 안산시 단원구

1 _ 쉽다 사이트 접속-특화운송 서비스-'창고입고 후 수입운송'을 클릭

해당 서비스는 중국에 한하여 제공 가능합니다.

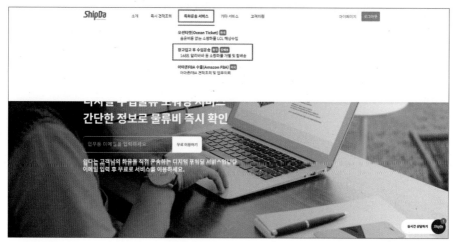

▲ 그림 10-2-1

2 _ 창고 선택

수입자가 지정한 출고지(창고)에서부터 상품을 운송해야하기 때문에, 쉽다(포워더)에게 이러한 업무 범위 또한 '수출지 창고 ~ 최종도착지'가 됩니다. 화물을 입고시킬 창고를 선택합니다. 창고는 총 5개로 주요 지역에 위치해 있습니다. '위해/이우/상해/광저우/심천' 중 수출자 출고지 주소에서 가장 가까운 곳을 선택합니다. (필요에 따라 수출자에게 화물이 출고되는 수출지 주소를 문의하고 구글맵 등을 확인하여 어떤 창고가 가장 가까운지 체크합니다.) 예를 들어, 수출지 출고지 주소가 'No. 1, Dongwuheng road.Lianhu Village, Tangxia Town,Dongguan City,Guangdong Province,China' 라면 광저우 창고가 가장 가깝습니다. 광저우 창고를 클릭합니다.

▲ 그림 10-2-2

3 _ 정확한 창고 주소 확인

광저우 창고를 클릭하면 구체적인 주소와 우편번호를 확인할 수 있습니다. 해당 주소를 'CHAPTER 10 - LESSON 01 - 액션4' 상황에서 수출자에게 안내합니다.

▲ 그림 10-2-3

4 _ 수출자 수 및 화물 디테일 입력

쉽다(SHIPDA) '창고입고 후 수입운송' 서비스는 하나의 창고에 최대 5개 수출사의 화물을 하나로 묶어 수입운송을 진행할 수 있습니다. 5개 수출자의 화물을 각각 수입하게 되었을 때에는 1회당 고정적으로 청구되는 비용들을 5회치 납부해야 하는데, 해당 서비스를 이용하시면 1회만 지불하게 되십니다. 본 케이스에서는 1명의 수출자로부터 수입을 진행하므로 '1'을 선택하고 다음 단계로 넘어갑니다. Lesson 3에서 다수 수출자 화물을 하나로 묶는 케이스를 알아보도록 하겠습니다.

▲ 그림 10-2-4

수출자로부터 확인된 화물 정보를 입력합니다.

5 _ 도착지 주소입력 및 통관 의뢰여부 체크

상품을 수령할 한국 도착지 주소를 입력합니다. 또한 쉽다로부터 관세사 추천 받고 싶으신 경우 '예'를, 그렇지 않은 경우 '아니오'를 선택합니다. 별도 추천에 따른 지불되는 비용은 없습니다.

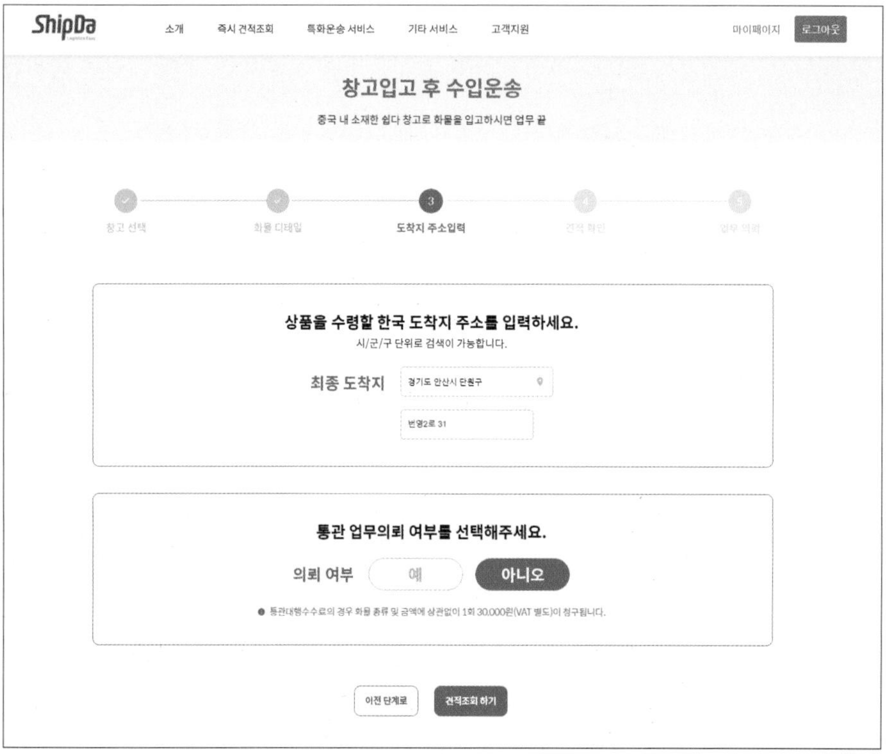

▲ 그림 10-2-6

6 _ 업무 의뢰하기

선택한 창고에서부터 최종도착지까지의 확정견적을 확인할 수 있습니다. 업무의뢰를 진행하고 싶을 경우 [그림 10-2-7]에서처럼 '진행절차 확인' 버튼을 클릭합니다. 이후 뒤에 나오는 페이지에서 '업무 의뢰하기' 버튼을 클릭하면 정상적으로 업무의뢰가 처리됩니다.

▲ 그림 10-2-7

액션 2 쉽다 서비스 내에서 수입물류비 진행(수입자 – 포워더)

마이페이지로 이동하면 의뢰 건을 확인할 수 있습니다. 견적을 이미 확인하고 다음 단계를 진행하는 것이기에 '견적 수락/거절' 여부없이 바로 수출자 정보를 입력하는 창이 노출됩니다. 수출자 정보를 확인하여 입력합니다. 수출자 정보를 입력하면 쉽다가 정부를 확인하고 즉시 수출자에게 컨택하여 선적 일정을 수립합니다.

▲ 그림 10-2-8

FCA조건에서 포워더로부터 받는 견적서를 함께 살펴보겠습니다. 크게 '현지비용/해상운임/국내 부대비용'으로 나눌 수 있습니다.

❶ 현지비용: 수출지 창고 ~ 수출지 항구까지의 제반 비용
❷ 해상운임: 수출지 항구 ~ 수입지 항구까지의 운임 비용
❸ 국내 부대비용: 수입지 항구 ~ 최종도착지까지의 제반 비용
❹ 이외 실비비용: 창고보관료(7일 초과 시) / 관부가세 / 세관검사비 등

표준 견적서

ShipDa

요청사항
광저우창고 -> 인천항 -> 경기도 안산시 단원구
아이템: 커피잔 셋트
화물디테일: 1R.TON
환율기준:1098.88원 1월(달러)
1351.62원 1월(유로)
168.62원 1월(위안)

회사명:셀러노트(쉽다)
담당자 정보:이종원/010-2638-7225
cs@ship-da.com

구분	항목	기준통화	단가	수량	견적가	견적단위	비고
해상운임	OCEAN FREIGHT(해상운임)	USD	95	1	₩104,394	R.TON	
국내 부대비용	DOCUMENT FEE(서류발급비)	KRW	25,000	1	₩25,000	B/L	VAT 별도
	DUTY&TAX(관부가세)		실비청구				
	INSPECTION FEE(세관검사)		실비청구				적발 시
국내 내륙운송	TRUCKING CHARGE(내륙운송료)	KRW	32,000	1	₩32,000	BOX	VAT 별도, 화물 택배
기타사항	ROUTE(구간)		광저우창고 -> 인천항 -> 경기도 안산시 단원구				

코멘트
1. 원산지 표기 미부착 및 오기 등 이슈가 발생하여 세관에 적발되었을 경우, 비용은 실비청구되고 수입자가 부담합니다.
2. 세관 무작위 검사 적발 시, 관세사 수수료 50,000원(VAT 별도)가 추가 발생합니다.
3. 실제 부피/중량에 따라 견적이 변동될 수 있습니다.
4. 위험물, 2단 적재 등 특수 화물일 경우 선적이 불가할 수 있고, 견적이 상이할 수 있습니다. (단, 해당 내용은 업무 진행 이전 사전 고지합니다.)
5. 마이페이지에서 입력하신 판매자(수출자)에게 사전 전략 후 입고일정을 수립합니다. 판매자 정보는 [마이페이지]에서 입력 가능합니다. 사전 동의없이 화물을 입고시킬 경우 창고에서 입고 거절될 수 있고 입고 거절될 수 있다는 이에 책임지지 않습니다.

기본적으로 소상품 신고로 수출신고가 이루어집니다. 이를 통해 진행하시는 경우 묶음운송이 가능합니다. 단, 한국 수입통관 후 환불 등 사유로 인한 SHIPBACK은 불가합니다.
수출자 명의로 통관 희망 시에도 진행 가능합니다. 단, 이럴 경우 묶음 운송은 불가합니다.

최종 가격(VAT 별도)   ₩161,394

▲ 그림 10-2-9

쉽다 '창고입고 후 수입운송' 서비스에서는 현지비용과 해상운임을 별도 나누지 않고, 하나로 합쳐 견적을 제공합니다. OCEAN FREIGHT(해상운임)이 $95로 기재되어 있는데 해당 비용은 수출지 항구 ~ 수입지 항구까지의 견적이 아니라, 수출지 창고 ~ 수입지 항구까지의 견적입니다.

03
다수 수출자 화물을 하나로 묶어서 수입운송하기

Lesson 02에서 언급했듯이, 해당 서비스에서는 여러 수출자(최대 5개사)의 화물을 하나로 묶어 수입힐 수 있다고 밀슴드렸습니다. 방빕은 산난합니나. 각 수출사에게 Lesson 01의 방법대로 무역거래 진행 및 동일한 창고 주소를 안내하고, Lesson 02에서 묶어서 수입할 '수출자 수'에 맞게 설정하면 됩니다. 수출자 2개사로부터 수입하는 경우를 예시로 들어 진행해보겠습니다. 수출자 A로부터는 의류 0.5R.TON을, 수출주 B로부터는 가방 1.1R.TON, 총 1.6R.TON을 수입함을 예시로 들어보겠습니다. [그림 10-3-1]에서 2개 수출사에서 가장 가까운 창고를 선택합니다.

1 _ 창고 선택

▲ 그림 10-3-1

2개의 출고지 주소에서 종합적으로 근거리 창고를 판단하기 어려울 수 있습니다. 해당 서비스에서는 각각의 수출지 출고지 주소를 입력하면 거리를 자동 계산하여 가장 가까운 창고를 추천하는 기능이 있습니다. '어떤 창고를 선택해야할지 판단이 안됩니다'를 클릭하여 프로세스대로 정보를 입력합니다.

▲ 그림 10-3-2

절차대로 화물 디테일과 수출지 출고지 주소를 입력하시면 [그림 10-3-3]처럼 최적의 창고를 시스템에서 안내합니다.

▲ 그림 10-3-3

2 _ 수출자 수 지정 및 화물 디테일 입력

창고 선택 후, 창고 주소와 우편번호를 확인하면 '수출자 수'를 지정하는 화면으로 이동합니다. 해당 화면에서 하나의 창고에 입고할 '수출자 수'를 설정합니다. 본 케이스에서는 2명의 수출자 화물을 묶음운송하기에 '2'로 설정합니다. 이후 절차는 1개 수출자로부터 수입하는 경우와 프로세스가 동일합니다.

▲ 그림 10-3-4

이후 각 수출자의 화물 디테일을 입력합니다.

▲ 그림 10-3-5

3 _ 도착지 주소입력 및 통관 의뢰여부 체크

상품을 수령할 한국 주소를 입력합니다. 또한 쉽다로부터 관세사를 추천 받고 싶으신 경우 '예'를, 그렇지 않은 경우 '아니오'를 선택합니다. 별도 추천에 따른 지불되는 비용은 없습니다.

▲ 그림 10-3-6

선택한 창고에서부터 최종도착지까지의 확정견적을 확인할 수 있습니다. 업무의뢰를 진행하고 싶을 경우 [그림 10-3-7]에서처럼 '진행절차 확인' 버튼을 클릭합니다. 이후 뒤에 나오는 페이지에서 '업무 의뢰하기' 버튼을 클릭하면 정상적으로 업무의뢰가 처리됩니다.

▲ 그림 10-3-7

이후 마이페이지에서 각 수출자들의 정보를 입력하면 업무의뢰가 정상적으로 처리됩니다. 다만 창고입고 후 수입운송의 경우에는 모든 수출자 정보가 입력되어야 업무의뢰가 진행되는 점 참조 부탁드립니다.

▲ 그림 10-3-8

04

FCA조건 하에서의 개당 매입원가 계산하기

아래 조건을 바탕으로 개당 매입원가를 구해주세요. 해상운송을 통해 수입됩니다.

중국 수출자와 FCA 무역거래 시 개당 매입원가를 계산하세요.

관부가세가 포함된 매입원가를 산출하세요.

환율기준: $1=1,100원/HS-CODE: 6912-00-1010

FCA 가격 : $2.1 (총 1,000개 구매)	수입 물류비 : $150 (중국 창고 ➜ 한국 최종도착지)	DUTY & TAX 기본세율 : FTA 협정세율 : 부가세: 10%
수출자로부터 확인	포워더로부터 확인	관세사로부터 확인

알리바바 신용카드 결제(2.95%)/한-중 FTA 원산지증명서 발급비($40)/관세사 대행수수료: 30,000원(부가세 제외)/국내 물류비: $50

▲ 그림 10-4-1

[그림 10-4-2] 총 매입원가는 파란색 영역을 모두 합한 $2,681.64이며, 1,000개를 구매했기에 관부가세를 포함한 개당 매입원가는 약 $2.682입니다. 기본세율은 8%, 한-중 FTA 협정세율은 4.2%입니다.

지불할 곳	알리바바	포워더				알리바바	카드사	관세사 및 세관		
항목	FCA 가격	국내 & 국내 물류비				FTA C/O	신용카드 결제	duty & tax		
세부항목	상품 개당원가	내륙운송료(출고지 -> 창고)	내륙운송료&중국 부대비용(창고 -> 항구)	해상운임	국내 부대비용 & 내륙운송료	원산지증명서	2.95%	관세사 대행수수료	FTA세율(%)	부가세(%)
단가	$2,100.00		$100.00		$50.00	$40.00	$63.13	₩33,000	4.2%	10%
외화(USD)	$2,100.0		$150.0			$40.0	$40.00	$30.00	$92.40	$229.24

▲ 그림 10-4-2

금액을 지불해야하는 곳을 기준으로 설명 드립니다.

❶ **알리바바:** FCA 무역조건으로 거래를 진행합니다. 1,000개에 FCA가격 기준 $2,100입니다. 해당 $2,100에는 상품원가 + 수출지 창고까지의 물류비가 포함되어 있습니다.

❷ **포워더:** FCA 무역조건으로 진행하기 때문에 수출지 창고에 화물이 입고되면, 해당 창고에서 최종도착지까지 운송업무를 수행합니다. 이를 상세항목으로 쪼개면 '중국 창고 → 중국 항구까지의 내륙운송료 및 중국 부대 비용' + '해상운임' + '국내 부대비용 & 내륙운송료'가 됩니다. 해당 비용이 $150으로 산정되었습니다.

❸ **FTA C/O:** 한-중 FTA 원산지증명서를 발급받기 위해 알리바바에게 $40을 지불했습니다.

❹ **신용카드 수수료:** 카드 결제로 알리바바에 지불한 금액에 2.95%를 수수료로 지불했습니다. '상품 개당원 가 + 내륙운송료(수출지 출고지 → 수출지 창고) + 원산지증명서 발급'×2.95% = $63.130이나, $40을 초과 하기에 신용카드 수수료는 $40이 됩니다.

❺ **관세사 및 세관:**

• 관세사 대행수수료: 30,000원(부가세 제외)입니다. 관부가세가 포함된 개당 매입원가를 구하기 위해 서 33,000원(부가세 포함)으로 변환하고, 계산 편의를 위해 한화(KRW)를 외화(USD)로 변경합니다. 이에 33,000원/1,100원 = $30입니다.

• 관세(DUTY): 원산지증명서를 발급받아 '한-중 FTA협정세율'은 4.2%입니다. 관세는 'CIF가격 ×관세율'입 니다. CIF가격은 '상품 개당원가 + 내륙운송료(수출지 출고지 → 수입지 항구)'까지의 비용으로 '$2250 - $50 = $2,200'이 됩니다. $2,200에 한-중 FTA 협정세율 4.2%를 곱하면 $92.4가 관세가 됩니다.

• 부가세(VAT): 부가세율은 내국세로 10%입니다. 부가세는 (CIF가격+관세)×10%입니다. ($2,200+$92.4)× 10%로 $229.24입니다.

❶ ~ ❺의 합을 구하면 $2,681.64가 산출됩니다. 총 매입가가 $2,681.64로 총 1,000개를 수입했습 니다. 이에 개당 매입원가는 $2,681.64/1,000=약 $2,682가 됩니다.

11

무역심화 _ 한국 항구(공항)에서부터 수입 진행 (인코텀즈 CIF/CFR 활용)

수출지 항구(공항)에서부터 업무를 책임지는 CIF/CFG조건으로 거래시 수입절차, CIF/CFR조건 하에서 수입물류비 견적확인과 개당 매입원가 계산 방법에 대해서 살펴보겠습니다.

01

CIF/CFR조건 무역거래 수입절차 진행하기

수입지 항구(공항)에서부터 업무를 책임지는 CIF/CFR조건으로 거래 시 수입절차에 대해서 함께 살펴보도록 하겠습니다. E/F조건 대비 수입물류비를 최적화하기 어려운 조건으로 수입진행 시 많이 활용되지는 않습니다. 수출자가 본인이 협업하고 있는 포워더를 통해 업무하는 것이 편할 때 혹은 수입자가 물류업무에 크게 관여하고 싶지 않을 때 주로 이용됩니다. 타 조건과 마찬가지로 샘플 종료 후 본품 주문 시, 수출자와의 나눠야 하는 대화 예시를 통해 무역 프로세스를 살펴보도록 하겠습니다.

액션 1 대량 주문 요청(수입자 – 수출자)

수입자: 샘플은 잘 받아보았습니다. 이번에는 대량 주문을 하고 싶습니다.

수출자: 몇 개나 필요하신가요?

수입자(IMPORTER)

I received the sample well.
I'd like to place a bulk order this time.

수출자(EXPORTER)

Sure, How many pieces do you need?

▲ 그림 11-1-1

액션 2 주문 수량 및 원가 협의(수입자 – 수출자)

수입자: 500개 정도 필요합니다. 상품 원가는 어떻게 될까요?

수출자: 개당 $10입니다.

수입자(IMPORTER)

I need about 500 of them. What will be the EXW PRICE of the product?

수출자(EXPORTER)

It's $10.00 per pcs

▲ 그림 11-1-2

액션 3 무역 조건 협의(수입자 – 수출자)

수입자: 이번 거래 시, 무역조건은 CIF로 하고 싶습니다.

수출자: 네, 물류비를 산출하여 알려 드릴게요. 어떤 항구로 물건을 보내 드리면 될까요?

수출자가 수입지 항구까지의 운송을 책임지는 C조건으로 진행하기 때문에 수입지 항구까지의 견적을 안내합니다. 이때 수출자가 운송 견적을 산출하기 위해서는 수입지 항구명이 필요합니다. 수입자가 본인의 최종도착지 기준으로 가장 가까운 항구명을 수출자에게 알려줘야 합니다.

수입자(IMPORTER)

I would like to proceed with this trade deal under the condition of CIF

수출자(EXPORTER)

Ok, I'll check the logistics cost and let you know. Which port should I ship to?

▲ 그림 11-1-3

만약 도착지 주소가 부산항과 가깝다면 수출자에게 '부산항'으로 운송을 요청하셔야 합니다. 정보를 전달하면 수출자는 '상품원가'와 '수출지 출고지에서부터 수입지 항구(예시: 부산항)'까지의 물류 견적을 안내합니다.

수입자(IMPORTER)

The closest port to me is Busan Port.

수출자(EXPORTER)

I will let you know after checking the EXW PRICE and the estimated logistics to Busan Port.

▲ 그림 11-1-4

수출지 항구명도 체크해야 합니다. 출발하는 수출지 항구가 어디냐에 따라 한국에서 추가적으로 발생히는 OCEAN SURCHARGE(해상운임 추가비용)이 달라지기 때문에 업무 확인이 필요합니다. 따라서 수출자에게 수출지 항구명을 문의합니다.

수입자(IMPORTER)

And I wonder where the port of loading is.

수출자(EXPORTER)

EXW PRICE: $5,000
SHIPPING COST: $1,000(FACTORY -> NEWYORK PORT -> BUSAN PORT)

▲ 그림 11 1 5

액션 4 CIF 물류비 확인을 위해 화물 디테일 문의(수입자 – 수출자)

수입자: 안내 감사드립니다. 물류비 확인을 위해 500개를 구매했을 때, 포장된 화물의 부피와 중량은 어떻게 되는지 알려주세요.
수출자: 한 파렛트 기준으로 부피는 80×80×100CM, 20KG입니다. 총 2파렛트입니다.

해당 정보까지 확인한 후 쉽다(포워더)로부터 예상 물류비용을 확인합니다. E,F조건과 다르게 예상 물류비용이라고 말씀드리는 이유가 있습니다. C조건에서는 수출자가 수입지까지의 운송을 책임져야 하기에 포워더를 선정할 수 있는 권한이 수출자에게 있습니다. 또한 수출자가 수출지 포워더를 선정하면, 업무상 편의를 위해 수출지 포워더가 수입지 포워더를 선정합니다. 따라서 사실상 수출자가 수입지 파트너를 선정하여 상품을 발송하는 형태로 무역거래가 이루어지기 때문에 수입자는 포워더를 지정하는 권한이 없습니다. 여기서 문제점은 화물이 한국에 도착한 이후 어떤 실비비용들이 추가

적으로 청구되는지 예상하기 어렵고, 본인이 지정한 물류사를 통해 업무를 하는 것이 아니기에 즉각
적인 피드백이 힘들다는 것입니다.

따라서 Lesson 02에서는 실제 물류비가 아닌 예상 물류비를 확인하는 방법을 안내드릴 것입니다.
또한 불가피하게 C조건으로 진행하게 되었을 때, 한국 포워더는 '쉽다'로 지정하고자 할 때에는 어떻
게 처리해야 하는지를 안내 드리겠습니다.

수입자(IMPORTER)

Thank you for the information. Please let me know the volume and weight of the packed cargo when I purchase 500 units to check the shipping cost

수출자(EXPORTER)

80×80×100cm, 20kg - 1PALLET
Total 2PALLETS

▲ 그림 11-1-6

액션 5 관부가세, 수입요건 확인을 위해 HS-CODE 문의(수입자 – 수출자)

물류비 견적 확인 이후 수출자로부터 관세율과 수입요건을 확인할 수 있는 HS-CODE를 확인합니다.

수입자(IMPORTER)

Can you tell me HS-CODE?

수출자(EXPORTER)

The HS-CODE is 6110-20-0000

▲ 그림 11-1-7

액션 6 관부가세, 수입요건 확인을 위해 HS-CODE 전달(수입자 – 관세사)

관세사에게 수입하고자 하는 국가명 / 상품명 / HS-CODE를 제공합니다. 필요 시, 상품의 용도와
재질도 함께 안내가 필요합니다.

수입자(IMPORTER)

안녕하세요. 미국에서 후드티를 수입하고 싶습니다. 수출자가 알려준 HS-CODE는 6110-20-0000 입니다. 관세율과 수입요건을 확인하고 싶습니다.

관세사(CUSTOMS BROKER)

기본세율 13%, 한-미 FTA 협정세율 0%입니다.
별도 수입요건은 없습니다.

▲ 그림 11-1-8

액션 7 원산지 라벨 처리상태 확인 및 피드백 받기(수입자 – 수출자/관세사)

액션 6에서의 수입요건을 해결했으면 통관 시 이슈가 될 수 있는 '원산지 라벨'을 체크합니다. 수출자로부터 원산지 라벨이 부착된 사진을 전달받습니다.

수입자(IMPORTER)

Can you show me the picture of how the country of origin label is attached?

수출자(EXPORTER)

Sure.

▲ 그림 11-1-9

수입자가 원산지 라벨 표기가 잘되었는지 자체 판단하기 보다는, 라벨 처리되어 있는 상품 사진을 수출자로부터 전달받아 관세사에게 문의합니다.

수입자(IMPORTER)

수출자로부터 원산지 라벨이 표기된 사진을 받았습니다. 이렇게 처리하면 될지 판단부탁드립니다.

관세사(CUSTOMS BROKER)

네, 그렇게 처리하시면 됩니다

▲ 그림 11-1-10

액션 8 원산지 증명서 발급요청(수입자 – 수출자)

마지막으로 관세율을 합법적으로 절감하기 위해 수출자가 FTA 원산지증명서를 발급해줄 수 있는지를 체크합니다. 만약 수출자가 FTA 원산지증명서를 발급을 할 수 없다면, 원산지증명서 대행이 가능한 포워더에게 별도 의뢰합니다. 금번 케이스에서는 중국이 아닌 미국 수출자와 거래하기에 '한-미 FTA 원산지증명서'를 발급 받으셔야 합니다.

수입자(IMPORTER)

Can you issue FTA C/O?

수출자(EXPORTER)

Yes, it's possible. It's $40.

▲ 그림 11-1-11

모든 과정이 완료되었습니다. 이제 마지막으로 Lesson 03에서 최종 매입원가 및 개당 매입원가를 계산하여 상품을 구매할지를 최종적으로 결정합니다. 이후 수출자에게 거래확약 결제창(Trade assurance payment)을 오픈해달라고 요청하고 결제합니다.

수입자(IMPORTER)

Please make a invoice by Trade assurance payment

수출자(EXPORTER)

Okay, I will

▲ 그림 11-1-12

액션 9 수입운송을 위한 포워더 협업(수입자 – 포워더)

결제 이후 수입자는 포워더와 업무를 진행합니다. 수출자가 지정한 '수입지 포워더'가 수입자에게 연락을 취할 것입니다. 혹은 수출자에게 이야기해서 수입지 포워더를 '쉽다'로 직접 지정할 수 있습니다. 일반적인 경우는 수출자가 지정한 수입지 포워더와 업무를 하지만 커뮤니케이션이 원활하지 않은 경우가 많습니다. 이에 Lesson 02에서 수입지 포워더를 수입자가 지정할 수 있는 방법을 안내하겠습니다.

수출자가 포워더에게 화물준비 일정(Cargo ready)를 안내하고 선적 스케줄을 수립합니다. 이후 포워더는 수립된 일정대로 진행하는 것을 수입자에게 컨펌 받기 위해 연락을 취합니다. 해당 일정대로 진행을 희망하시는 경우 '컨펌(Confirm)'하시고, 일정 조정을 희망하시는 경우 희망 일정을 이야기합니다. 스케줄이 컨펌되면 포워더는 해운회사에 선적예약(Booking)을 진행합니다. 별도 이슈사항이 없을 경우, 예정된 일정대로 선적이 진행됩니다.

포워더(FORWARDER)

21년 4월 1일에 화물준비가 완료된다고 합니다.
예상 출항 일정(ETD): 21년 4월 9일
예상 도착 일정(ETA): 21년 4월 24일
이대로 진행하면 될지 확인 부탁드립니다.

수입자(IMPORTER)

네, 그렇게 진행하겠습니다.

▲ 그림 11-1-13

액션 10 수입통관 준비를 위한 포워더와의 커뮤니케이션(수입자 - 포워더)

정상적으로 화물이 출항한 이후 한국에 도착할 때 즈음이 되면 수입통관을 처리하기 위해 포워더에게 필수서류를 전달해야 합니다. 필수서류는 C/I, P/L이며, 관세혜택을 적용 받고 싶을 경우 FTA C/O 서류까지 함께 전달합니다. 포워더는 본인이 지정한 관세사에게 전달 받은 서류와 물류정산서를 전달합니다. 수입자가 직접 관세사를 지정하고자 하는 경우 '관세사 정보'를 포워더에게 전달하면 됩니다.

액션 11 실제 화물 부피/중량에 따른 수입물류비 정산(수입자 - 포워더)

한국에 화물이 도착하면 포워더는 수입자에게 물류비용을 정산 요청합니다. 포워더가 수입자에게 제공하는 기래명세서는 실제 선적된 부피/중량 및 실비사항을 고려하여 재산출 됩니다.

액션 12 수입통관 신고 및 관부가세 정산(수입자 - 포워더/관세사)

물류비용 정산 이후 지정된 관세사가 수입통관 신고를 진행합니다. 이슈가 없을 경우 수입통관 신고가 정상적으로 마무리 됩니다. 포워더를 통해 관세사를 소개받으셨을 경우 통관비용 또한 포워더를 통해 일괄 정산이 가능하고, 포워더를 통해 소개받지 않고, 본인이 지정한 관세사를 통해 통관업무를 처리하실 경우 지정하신 관세사에게 통관비용을 정산하시면 됩니다.

액션 13 최종 내륙운송 진행 및 수령(수입자 - 포워더)

통관이 정상적으로 완료되면 포워더가 화물 내륙운송 기사를 배차하여 최종도착지로 상품을 운송합니다. 이후 상품을 수령하시면 모든 절차가 완료됩니다.

02

CIF/CFR조건 하에서 수입물류비 견적확인

액션 1 쉽다 서비스 내에서 수입물류비 확인(수입자 – 포워더)

수입지 항구(공항)에서부터 최종도착지까지의 물류비를 알아야 최종 원가를 확인할 수 있습니다. 디지털 수입물류 포워딩 서비스 – 쉽다(SHIPDA)에서 CIF조건일때의 물류비 산출이 가능합니다. 단, 해당 견적은 어디까지나 참조용이지 실제 진행 가능한 비용은 아닙니다. Lesson 01에서 확인한 화물의 R.TON이 1.28로 소량화물이기에 해상LCL로 진행될 것입니다. CIF조건에서 예상 수입물류비를 산출하기 위한 준비사항은 다음과 같습니다.

Lesson 01에서 확인한 화물의 R.TON이 1.28로 소량화물이기에 해상LCL로 진행될 것입니다. CIF 조건 예상 수입물류비를 산출하기 위한 준비사항은 다음과 같습니다.

[CIF 수입물류비 산출을 위한 체크사항]

❶ 수입지 항구명

❷ 수출지 항구명

❸ 포장된 화물의 부피/중량

❹ 한국 최종도착지 주소

위 4가지로 예상물류비 산출이 가능하고, ❷,❸은 수출자로부터 확인. ❶,❹는 수입자가 결정합니다. 부산시 해운대구로 물건을 받고자 하신다면 아래와 같이 정리할 수 있습니다.

❶ **수입지 항구명:** 부산항

❷ **수출지 항구명:** 뉴욕항

❸ **포장된 화물의 부피/중량:** 80×80×100cm, 20kg – 1Pallet, Total 2Pallets

❹ **한국 최종도착지 주소:** 부산시 해운대구

1 _ 운송수단 및 지역결정

수입지 항구에서부터 수입자가 상품을 가져와야 하기 때문에, 쉽다(포워더)에서 견적을 확인할 범위 또한 '수입지 항구 ~ 최종도착지'가 됩니다.

❶ **운송방법:** 해생운송/항공운송을 선택합니다. 본 예시에서는 해상LCL로 진행할 것이기에 '해상운송'을 선택합니다.

❷ **출발지:** 항구(PORT)와 내륙(DOOR)을 선택할 수 있습니다. 수입지 항구에서부터 포워더가 픽업해야 하기 때문에 '항구(PORT)'를 클릭합니다.

❸ **출발지 항구:** 픽업해야 하는 항구명을 선택합니다. (**예** 부산항)

❹ **수출지 항구:** 수출자로부터 수출지 항구명을 확인하여 입력합니다. (**예** 뉴욕항)

❺ **도착지:** C조건에서는 수입지 항구에서 최종도착지까지의 견적만을 포워더에게 문의할 수 있습니다. 따라서 내륙(DOOR) 선택지 1개만 존재합니다. 이를 선택합니다.

❻ **내륙주소:** 상품을 수령할 최종도착지 주소를 시/군/구 단위로 입력하고 선택합니다 (**예** 부산시 해운대구)

❼ **인코텀즈:** 선택하신 사항을 바탕으로 웹 페이지에서 인코텀즈가 안내됩니다. CFR조건으로 기본 세팅되어 있으나, 수출자와 CIF로 협의 시 CIF로 수정이 가능합니다.

▲ 그림 11-2-1

2 _ 화물 디테일 확인

운송타입과 화물정보를 입력합니다. 수출자로부터 확인된 정보를 입력합니다.

▲ 그림 11-2-2

3 _ 체크 포인트 확인

지역과 화물정보를 모두 입력했으면 상세사항을 체크합니다. 별도 협의사항이 없을 경우, 기본 설정 대로 견적을 조회합니다. 모두 선택하셨으면 다음 단계로 넘어갑니다. 이후 입력했던 모든 정보를 다시 한 번 확인하고 하단 '견적 조회' 버튼을 클릭합니다. 수정할 내용이 있으면 '수정하기'를 클릭하여 내용을 정정합니다.

▲ 그림11-2-3

조회된 견적을 확인합니다. 기 언급한 것처럼 해당 견적은 어디까지나 참조용입니다. 실제 화물이 한국 도착 후 수출자로부터 지정된 수입지 포워더로부터 견적을 확인해야 비용이 얼만큼 청구되는지 파악할 수 있습니다.

▲ 그림 11-2-4

액션 2 쉽다를 수입지 포워더로 지정하고 싶다면(수출자 – 수입자)

우선 [그림 11-2-4] 화면에서 '업무 의뢰하기'를 클릭한 이후 마이페이지에서 수출자 정보를 입력합니다. 이후 쉽다가 입력하신 정보를 바탕으로 수출자에게 수입자가 수입지 포워더로 쉽다로 지정하고 싶다는 의사를 전달합니다.

▲ 그림 11-2-5

수입자: 한국 포워더를 제가 직접 지정하고 싶습니다. 가능한가요?

수출자: 네 가능합니다. 한국 포워더 정보를 제게 전달해주시면 저희 포워더(수출지 포워더)에게 안내하겠습니다.

 수입자(IMPORTER)

I'd like to nominate a Korean forwarder. Can you?

 수출자(EXPORTER)

Yes, I can. Please let me know about Korean forwarders. I'll guide the our forwarder.

▲ 그림 11-2-6

수입자: 회사명 / 담당자 이름 / 전화번호 / 이메일 주소를 안내 드립니다.

수출자: 네, 이 정보를 우리 포워더에게 전달하겠습니다.

 수입자(IMPORTER)

COMPANY: SELLER-NOTE
CONTACT POINT: Jungwon Lee
TEL: +82-2-6956-7213
E-MAIL: cs@ship-da.com

 수출자(EXPORTER)

Ok, I will inform this information to our forwarder.

▲ 그림 11-2-7

C조건에서 포워더로부터 받는 견적서를 함께 살펴보겠습니다. 크게 '해상운임/국내 부대비용'으로 나눌 수 있습니다. 수입지 항구에서부터 포워더에게 운송의뢰를 하기 때문에 해외비용들이 견적서 내 포함되지 않습니다.

❶ 해상운임: 수입지 항구에서 발생하는 추가비용
❷ 국내 부대비용: 수입지 항구 ~ 최종도착지까지의 제반 비용
❸ 이외 실비비용: 창고보관료 / 관부가세 / 세관검사비 등

'수입지 항구에서부터 업무를 의뢰하는데 왜 해상운임이 항목이 청구되는거지'라는 의문이 있을 수 있습니다. C조건에서는 순수한 해상운임 (OCEAN FREIGHT)는 청구 되지 않는 것이 맞습니다. 그러나 해상운임은 '순수한 해상운임과 해상운임 추가비용'으로 나뉩니다. 해상운임 추가비용(OCEAN SURCHARGE)의 경우 해운회사로부터 청구되는 수입지 비용입니다. C조건에서는 해당 비용을 수입자가 지불합니다. 다만 중국에서 수입할 경우 대부분 해상운임 추가비용(OCEAN SURCHARGE)이 청구되나, 미국이나 유럽지역에서 수입을 진행하게 될 경우에는 위와 같은 비용 항목들이 따로 존재하지 않을 수 있습니다. 어떤 국가 / 항구에서 수입하느냐에 따라 달라지는 항목입니다.

표준 견적서

ShipDa

요청사항
CIF조건(부산항 -> 부산광역시 해운대구)
아이템: 후드티
화물디테일: 1.28R.TON
환율기준: 1098.88원 일괄(달러)
1351.62원 일괄(유로)
168.62원 일괄(위안)

회사명: 셀러노트(쉽다)
담당자 정보: 이중원/010-2638-7225
cs@ship-da.com

구분	항목	기준통화	단가	수량	견적가	견적단위	비고
해상운임	BAF & CAF(유류할증료&통화할증료)	USD	0	1.28	₩0	R.TON	
	CRS(긴급비용할증료)	USD	0	1.28	₩0	R.TON	
국내 부대비용	THC(터미널 화물 처리비)	KRW	12,165	1.28	₩15,572	R.TON	
	WFG(부두사용료)	KRW	341	1.28	₩437	R.TON	
	DOC FEE(서류 발급비)	KRW	50,000	1	₩50,000	B/L	VAT 별도
	HANDLING CHARGE(포워더 대행 수수료)	KRW	43,956	1	₩43,956	B/L	VAT 별도
	D/O FEE(화물인도지시서)	KRW	50,000	1	₩50,000	B/L	VAT 별도
	CONTAINER CLEANING CHARGE(컨테이너 청소 비용)	KRW	2,500	1.28	₩3,200	R.TON	
	DRAYAGE CHARGE(셔틀비)	KRW	8,000	1.28	₩10,240	R.TON	VAT 별도
	CFS CHARGE (화물 혼재/분배 비용)	KRW	0	1.28	₩0	R.TON	VAT 별도
	기타비용 합계(B/L 당 청구)	KRW	0	1	₩0	B/L	
	기타비용 합계(R.TON 당 청구)	KRW	0	1.28	₩0	R.TON	
	DUTY&TAX(관부가세)		실비청구				
	INSPECTION FEE(세관검사)		실비청구				적발 시
국내 내륙운송	TRUCKING CHARGE(내륙운송료)	KRW	65,000	1	₩65,000	TRUCK	VAT 별도, 독차
기타사항	ROUTE(구간)		부산항 -> 부산광역시 해운대구				
	TRANSIT TIME(소요시간)		15일				
	VALIDITY(운임 유효기간)		2021년 12월 31일				
코멘트	- 국내 창고보관료는 실비로 청구됩니다.						
	- 실제 적용되는 환율은 외환은행이 고지한 전신환매도율로 책정됩니다.						
	- 실시간 견적조회 서비스 내 '체크 포인트'에서 선택하지 않았으나 실제 발생하게 될 경우 실비로 청구됩니다.						
	- 최종정산은 실제 선적된 화물의 부피 및 중량 정보를 바탕으로 청구됩니다.						

최종 가격(VAT 별도)   ₩236,163

▲ 그림 11-2-8

03

CIF조건 하에서의 개당 매입원가 계산하기

아래 조건을 바탕으로 개당 매입원가를 구해주세요. 해상운송을 통해 수입됩니다.

미국 수출자와 CIF 무역거래 시 개당 매입원가를 계산하세요.

관부가세가 포함된 매입원가를 산출하세요.

환율기준: $1=1,100원/HS-CODE: 6110-20-0000

FCA 가격 : $12 (총 500개 구매)	국내 물류비 : $500 (국내 부대비용 & 내륙운송료)	DUTY & TAX 기본세율 : FTA 협정세율 : 부가세: 10%
수출자로부터 확인	포워더로부터 확인	관세사로부터 확인

T/T 결제($40)/한-미 FTA 원산지증명서 발급비($40)/관세사 대행수수료: 30,000원(부가세 제외)

▲ 그림 11-3-1

[그림 11-3-2] 총 매입원가는 파란색 영역을 모두 합한 $7,210이며, 500개를 구매했기에 관부가세를 포함한 개당 매입원가는 $14.42입니다.

지불할 곳	수출자			포워더	수출자	은행	관세사 및 세관		
항목	CIF 가격			국내 물류비	FTA C/O	외화이체	duty & tax		
세부항목	상품 개당원가	미국 내 비용	해상운임	국내 부대비용 & 내륙운송료	원산지증명서	T/T	관세사 대행수수료	FTA세율(%)	부가세(%)
단가	$6,000.00			$500.00	$40.00	$40.00	₩33,000	0.0%	10%
외화(USD)	$6,000.0			$500.0	$40.0	$40.0	$30.00	$0.00	$600.00

▲ 그림 11-3-2

금액을 지불해야하는 곳을 기준으로 설명 드립니다.

❶ **수출자:** CIF 무역조건으로 거래를 진행합니다. 500개에 CIF가격 기준 $6,000입니다. 해당 $6,000에는 상품원가 + 수입지 항구(공항)까지의 물류비가 포함되어 있습니다.

❷ 포워더: CIF 무역조건으로 진행하기 때문에 국내 항구(공항)에 화물이 도착한 뒤 최종도착지까지의 운송을 진행합니다. 해당 비용이 $500으로 산정되었습니다.

❸ FTA C/O: 한–미 FTA원산지증명서를 발급받기 위해 수출자에게 $40을 지불했습니다.

❹ 은행: T/T 결제로 외화이체 수수료 $40을 은행에 지불했습니다.

❺ 관세사 및 세관:

- 관세사 대행수수료: 30,000원(부가세 제외)입니다. 관부가세가 포함된 개당 매입원가를 구하기 위해서 33,000원(부가세 포함)으로 변환하고, 계산 편의를 위해 한화(KRW)를 외화(USD)로 변경합니다. 이에 33,000원/1,100원 = $30입니다.

- 관세(DUTY): 원산지 증명서를 발급받아 '한–미 FTA협정세율'은 0%입니다. 관세는 'CIF가격×관세율'입니다 따라서 $6,000×0% = 0원이 됩니다.

- 부가세(VAT): 부가세율은 내국세로 10%입니다. 부가세는 (CIF가격+관세)×10%입니다. ($6,000+0원)×10%로 $600입니다.

❶ ~ ❺의 합을 구하면 $7,210가 산출입니다. 총 매입가가 $7,210으로 총 500개를 수입했습니다. 이에 개당 매입원가는 $7,210/500=$14.42가 됩니다.

서비스 소개_디지털 수입물류 포워딩 서비스 – 쉽다(SHIPDA)
서비스 URL: www.ship–da.com

디지털 수입물류 포워딩 서비스 – '쉽다(SHIPDA)'는 수입초보자들도 쉽게 국제물류를 이용할 수 있게끔 기획되었습니다. 약 3년 간 수입무역 실무교육을 진행하면서 만나 뵈었던 수강생들이 국제물류에 대한 어려움을 호소하시어 만들게 된 서비스입니다. 분명 '알리바바닷컴, 1688닷컴'과 같은 B2B IT커머스들의 등장으로 무역거래의 불편함은 해소되었는데, 국제물류만큼은 여전히 디지털화가 낙후되어 있었습니다. 이에 초보 수입자 분들이 접근하기 어려워 비용을 추가절감 할 수 있음에도 불구하고 포기하는 모습을 보며 문제점을 해결하고자 결심했습니다.

▲ 그림 12–1–1

처음에는 사실 포워더들을 비교해주는 서비스로 출발하였습니다. 그러나 물류를 공급하고자 플랫폼 내 참여하는 포워더들이 대부분 중소형 업체이다 보니 수입기업 분들에게 경쟁력 있는 운임을 제공하기 어려웠습니다. 또한 수입기업 분들이 진정으로 원하는 것은 수입기업과 포워더를 매칭해주는 플랫폼보다는 내 화물을 안전하게, 그러면서도 저렴한 비용으로 운송해주는 '해결사'임을 심층인터뷰를 통해 깨닫게 되었습니다. 이에 저희는 20년 3월 전격적으로 직접 물류를 처리하고 핸들링하는 '디지털 포워더'로서의 길을 걷게 되었습니다. 서비스 시작 10개월 만에 B2B 수입기업 회원가입 수는 2,000개사를 돌파였고, 실제 쉽다에 의뢰를 주시는 고객 수는 300개사로 매월 가파른 성장세를 보이고 있습니다. 또한 최근에는 사업성을 인정받아 유수의 벤처캐피탈들로부터 11억원 규모의 기관투자를 유치하였습니다.

▲ 그림 12-1-2

저희 쉽다는 플랫폼 사업자가 아닌, 여러분들의 국제물류를 직접 해결해드리는 디지털 포워더로서 경쟁사 대비 상품 경쟁력을 가질 수 있도록 지속적으로 연구하고 개발하고 있습니다. 특히 소량화물 해상수입 과정에서 중간유통 비용을 제거하는 서비스인 오션티켓(OCEAN TICKET)과 다수 수출자로부터 소량다품종 상품을 소싱하는 사업자를 위한 '창고입고 후 수입운송' 서비스는 소기업부터 대기업까지 다수의 수입기업들로부터 큰 호응을 얻고 있습니다. 쉽다는 보이지 않는 기존 시장의 문제점들을 해결해나가고 있고, '화물 이력관리, 화물추적, 프로세스별 자동이메일링' 등의 기능들로 아날로그 방식의 불편함을 해소하는 국내 No.1 디지털 포워딩으로 성장하고 있습니다. 택배와 달리 어떤 포워더를 사용하느냐에 따라 물류비가 천지차이입니다. 상품경쟁력 확보와 국제물류의 디지털라이징을 선도하는 쉽다와 첫 수입시작을 함께하시길 기다리고 있겠습니다.

전체 개별운송 현황입니다.

전체	의뢰 확인 중	견적 산출 중	진행 결정 요청	수출자 정보입력 요청	운송 중	운송 완료

운송 중

의뢰일: 2020년 09월 23일

휀스

출발지	도착지	의뢰내용	견적가	처리
중국 대련항 ⟶ 한국 부산항		인코텀즈 **FOB** 해상FCL 총 물동량 0.5 FEU	491,015원	-

의뢰 확인 중

의뢰일: 2020년 08월 06일

서핑보드

출발지	도착지	의뢰내용	견적가	처리
호주 멜버른항 ⟶ 한국 부산항		인코텀즈 **FOB** 해상LCL 총 물동량 6 R.TON	-	-

수출자 정보입력 요청

의뢰일: 2020년 08월 06일

원단

출발지	도착지	의뢰내용	견적가	처리
멕시코 만자니로항 ⟶ 한국 부산항		인코텀즈 **FOB** 해상LCL 총 물동량 8.39 R.TON	731,102원	수출자 정보 입력 >

▲ 그림 12-1-3

---

❹ 운송 정보

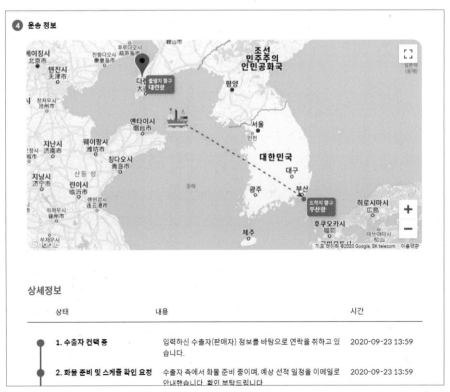

상세정보

상태	내용	시간
1. 수출자 컨택 중	입력하신 수출자(판매자) 정보를 바탕으로 연락을 취하고 있습니다.	2020-09-23 13:59
2. 화물 준비 및 스케줄 확인 요청	수출자 측에서 화물 준비 중이며, 예상 선적 일정을 이메일로 안내했습니다. 확인 부탁드립니다.	2020-09-23 13:59

▲ 그림 12-1-3

ShipDa

셀러노트 이중원님 :)

디지털 수입물류 포워딩 서비스 '쉽다'입니다.

마이페이지에서 수출자 정보를 입력해야 업무 진행이 가능합니다.
수출자 정보를 입력하는 방법은 다음과 같습니다.

① 수출자 정보

빵 / china / 3CBM / 2KG / 1개
커피/ china wow / 2CBM / 3KG / 3개

수출자 회사명   수출자 담당자 이름   수출자 담당자 연락처   수출자 담당자 이메일

*위 이미지는 예시 이미지 입니다.

위 이미지처럼 수출자 회사명/ 수출자 담당자 이름/ 수출자 담당자 연락처/ 수출자 담당자 이메일을 각 입력창에 입력해주세요.

정보 확인 및 수출자 컨택 후 현황을 공유 드리겠습니다.
기타 궁금하신 사항이 있으시다면 아래 '실시간 상담하기' 버튼을 클릭하세요.

[수출자 정보 입력하기]   [실시간 상담하기]

▲ 그림 12-1-5

혼자서도 할 수 있는 실용서 시리즈

혼자서도 할 수 있는 알리바바 도소매 해외직구 [개정판]

무역을 1도 몰라도 바로 시작하는, 알리바바 해외직구로 창업하기

이중원 저 | 16,500원

누구나 따라할 수 있는 기막힌 중국 구매대행! 끝장 매뉴얼

중국 구매대행의 전설 '중판' 대표의 300만 원으로 30 억 번 비밀 노하우 대공개!

이윤섭 손승엽 공저 | 16,500원

한 권으로 끝내는 타오바오 + 알리바바 직구 완전정복

타오바오 알리바바 직구 실제 절차 그대로 전 과정을 순서대로 담았다!

정민영, 백은지 공저 | 17,500원

한 권으로 끝내는 글로벌셀러 아마존 판매 실전 바이블

아마존셀러의 실제 창업 절차 그대로 글로벌셀링 전 과정을 순서대로 담았다!

최진태 저 | 25,000원

IT, 쇼핑몰, 홈페이지, 창업, 마케팅 등의 실무 기능을 혼자서도 배울 수 있도록 차근차근 단계별로 설명한 실용서 시리즈이다.

혼자서도 할 수 있는
아마존 월 매출 1억 만들기 [3판]_아마존 JAPAN 추가
무재고 무자본으로 바로 시작하는 아마존 판매!

장진원 저 | 17,500원

한권으로 끝내는
스마트폰 사진강의 구도와 사진촬영, 보정법

채수창 저 | 16,500원

101개 실습 동영상 보면서 배우는
영상 편집 with 프리미어 프로
1페이지 핵심 노트로 예습하고 실전 동영상 보면서 복습하자!

신의현, 서준성 공저 | 13,000원

이렇게 했더니 인스타마켓으로 6억 벌었어요!
무재고 무자본으로 시작해서 억대 매출 올리는
인스타그램 공동구매 실전북!

황지원 저 | 15,000원

혼자서도 할 수 있는 실용서 시리즈

네이버쇼핑 상위노출에 강한

스마트스토어 창업+디자인+마케팅 [2판]

실전! 스마트스토어 테마 디자인 제작과 꾸미기

강윤정, 박대윤 공저 | 18,800원

혼자서도 할 수 있는

블로그마켓 [개정판]

창업준비 | 만들기 | 구매력 높이는 글쓰기 | 단골고객
판매처 늘리기

정하림 강윤정 공저 | 21,000원

오픈마켓 쇼핑몰 G마켓/옥션 쿠팡 네이버 스마트스토어

상세페이지 제작 [개정 4판]

구매패턴분석 + 포토샵 핵심기능 + 디자인 + 실무형 HTML

김대용, 김덕주 공저 | 17,500원

혼자서도 할 수 있는

오픈마켓 창업 & 마케팅 핵심 전략 [개정 3판]

G마켓 | 옥션 | 11번가 | 스마트스토어

김덕주 저 | 16,500원